JN430174

중소기업 생존기

투명
북스

머 리 말

농촌에 위치한 중소기업을 8년 동안 다니면서 기억에 있는 일부 이야기를 작성하였다. 표와 그림을 넣고 이해가 쉽도록 자료를 넣고 싶지만 그런 배려가 없어 죄송한 마음이다. 변명하자면 육아휴직 전에 출판하고 싶어 다음 기회로 미룬다.

먼저 건방지고 부족한 나를 넓은 마음으로 받아준 회장님 덕분에 다닐 수 있었다. 물론 휴직 후에도 회사는 계속 다닐 생각이다. 주마등처럼 흘러간 기억을 되살리면서 작성했다. 막힘없이 써 내려가니 30시간 만에 작성하였다.

내가 뛰어나다는 이야기가 아니다. 지극히 주관적인 관점에서 나를 대변한 책이다. 회사 일은 혼자 할 수 없다. 함께 만들어 간다. 단지 먼저 입사해 기회가 왔을 뿐이지 뛰어난 동료들이 많다. 중소기업에 사람이 없다고 탓하지 말고 받아들일 준비가 되었는지 확인할 필요가 있다. 문제는 "아랫사람이 아니라 동료만 있을 뿐이다. "라는 마음을 가진 임원이 많아야 조직문화가 발전한다. 이전 직장 3곳을 다녔지만 건방지게 경영진 마인드로 일하다 보니 퇴사가 잦았다. 조금만 다니면 퇴직금을 받을 수 있는데 감정적인 결정으로 1년을 채우기가 힘들었다.

조직행동이론 MBA 수업에서 인간에 대한 관점을 자연적(감정적), 합리적(이성적)으로 구분한 표를 보면서 교수님이 말했다. 예를 들어 좋아하는 작가의 관련 도서를 구매했는데 작가의 망언을 듣고 쓰레기통에 버렸다고 하자. 이 경우 자연적(감정적)일까? 합리적(이성적)일까? 물으셨다. 내 의견은 자연적이며, 잠시 감정을 절제하고 합리적으로 중고 책이라도 판매했다면 금전적 이득이라도 벌었을 거라고 생각했다. 최근 비슷한 경험으로 감정적(자연적)으로 판단이 있었다. Y축은 조직의 관점(개

방적, 폐쇄적), X축은 인간의 관점(자연적, 합리적)이다. 이성적으로 행동해야 했는데 그만두더라도 할 말은 해야겠다. 라는 마인드가 컸다. 사실 로열티가 사라져 8년을 정리하고자 책을 쓰게 되었다. 원래 기업공개(IPO)까지 성공하고 책을 만들려고 했는데 갑자기 책을 쓰다 보니 부족한 점이 많다. 이해 바란다.

이 글을 보는 직장인들도 굳은 심지를 가지길 바란다. 다음에는 투자유치 성공이 아니라 기업공개(IPO) 성공담으로 책을 쓰는 날이 오길 바란다.

서강대 MBA 다닌다고 주말마다 첫 KTX 기차를 타고 밤늦게 귀가했다. 함께 시간을 보내지 못한 아내와 아이에게 이 책을 바친다. 5개월 육아휴직 동안 용서를 빌고자 한다.

2025년 7월 김진영

목 차

1. 첫 인사

환경보다 중요한 것은 태도

"말은 제주도에 가고 사람은 서울로 보내라"라는 격언이 있다. 부산에서만 살던 나는 그런 말에 반감이 컸다. 환경이 중요하지만 제약은 아니라고 믿었다. "모두 서울로 가면 지방은 누가 지키나" 하고 서울 이주에 관심이 없었다.

이 글은 경상남도 지역소멸 농촌에 위치한 중소기업 회사원이 몸으로 익힌 경영 노하우를 공유하기 위해 작성하였다. 독일, 일본, 이탈리아처럼 중소기업이 강한 나라를 꿈꾸며 조금이라도 도움을 보태고자 8년간 겪었던 중소기업 생존기를 적은 글이다.

2017년 입사 당시 매출액은 30억에 불과하였다. 2018년 42억, 2019년 63억, 2020년 68억, 2021년 103억, 2022년 107억, 2023년 132억, 2024년 193억으로 매년 성장하였다. 매출액을 읊

어대고 기업 성장 스토리를 말하면 어떻게 매출액을 외우냐고 다들 놀라워한다. 오너와 관계가 어떻게 되냐고 되묻기도 한다. 보통 회사원과 다르게 회사에 대한 애정이 남달라 상대방이 궁금해한다. 회사에 대한 로열티로 봐주는 사람들에게 고맙지만 사실 회사에 대한 충성보다는 시골이라는 환경에 구애받지 않고 작은 중소기업도 클 수 있다는 사례를 보여주고 싶었다.

군대에서도 같은 소리를 들었다. "왜 이렇게 열심히 하냐?"라는 질문을 들었다. 학군장교(ROTC)는 대부분 28개월 단기로 의무복무하고 전역한다. 학군장교는 군 생활을 열심히 하지 않는다는 편견을 깨고 싶었다. 속한 조직은 다르지만 그때나 지금이나 열정을 쏟아부었다.

매년 돌이켜보면 새로운 과제와 일이 있었다. 과정에서 맺힌 소중한 결과물이 어려운 시절을

잊으려고 해도 몸이 기억한다.

작년 매출은 193억 달성하고 올해 매출액은 250~300억 전망하고 있다. 제조업은 영업도 중요하지만 생산능력 없이는 매출 증가를 따라 올 수 없다. 생산능력은 결국 막대한 투자 없이는 어렵다. 중소기업 자금조달은 대학에서 가르쳐 주지 않는다. 이 책을 통해 조금이라도 힌트를 얻기 바란다.

중소기업 기준

중소기업 기준은 구분기관에 따라 다르다. 보통 고용 수 300명 이상은 중견기업, 이하는 중소기업으로 구분한다. 또 매출액 1,000억 이상은 중견기업, 이하는 중소기업으로 구분한다. 중소기업은 말 그대로 '작은 기업'을 의미하기도 하고, 일자리를 창출하고 경제기반이 되는 '중'요하고 '소'중한 기업이라 정부 지원이 필요하다. 때문에 정부에서 중소벤처기업부를 만들어서 각종 지원을 해주고 있다. 정부지원사업은 기업마당 (www.bizinfo.go.kr) 사이트에 확인할 수 있다.

정부에서는 매년 업데이트된 재무 정보를 바탕으로 중소기업확인서를 발급한다. '소기업', '중기업' 표시로 구분되어 있다. 같은 중소기업이라도 규모에 따라 구분된다. 우리 회사는 작년까지 소기업이었다가 3년 평균 매출액 120억 이상 되면서

2025년 3월부터 중기업이 되었다. 중기업부터는 중소벤처기업진흥공단 스케일업 사업(자산유동화 증권 30~120억, 5년 만기, 매년 20% 상환, 선취 이자 6개월, 후순위자산유동화증권 5% 매입 조건,) 등을 이용할 수 있다. 신용보증기금은 3년 만기로 자산유동화 증권을 이용할 수 있다.

자금조달을 모르는 사람은 정부에서 최대한 도 100억 보증지원이라면 100억 다 받을 수 있다 고 착각한다. 예를 들어 현재 기업규모가 작아 자본 이 10억 밖에 없다고 하자. 100억 빌리면 부채비 율이 1,000%인데 그런 일은 없다. 해당 기업규모 에 맞게 보증해 준다. 업종마다 다르지만 보통 부채 비율 420% 이상이면 중소기업진흥공단에서도 대 출 제한 기업으로 상담 자체를 해주지 않는다. 초 기 기업은 경남신용보증재단 통해 1~5억 대출한 다. 규모가 커지면 신용보증기금에서 1~50억 대출 하고, 중소기업진흥공단에서 1~100억 보증 대출을 이용한다. 경영진이 경영 업무를 한 경험이 있다면 다행이지만 업무를 한 적이 없다면 대화하면서 벽을 느끼게 된다. 실무진 교육이 필요하지만 경영진 교육도 필요하다. 다행히도 오너가 재무통 출신이라 이해도가 높아 오랫동안 다닐 수 있었다.

2024년 결산 기준으로 영업이익률 12.8%로 처음 두 자릿수를 달성하였다. 2025년 3월 감사보고서가 나온 후, IR 자료를 만들어 농금원에서 하는 농식품 투자 플랫폼 ASSIST (https://assist.apfs.kr) 사이트에서 모태펀드 리스트를 파악하여 메일을 발송하였다. 투자유치 활동 시작하자 투자받을 수 있다고 생각할 수도 있지만 전략이 있으면 3개월 없다면 3년이 지나도 힘들다. 한 달 만에 피칭하고 재무 실사→1차 투자심의→2차 투자심의→계약서 작성→투자금 납입 등 3개월 걸려서 모태펀드 2곳에서 총 23억을 투자받았다. A 시리즈 투자유치 성공하였다. IPO(기업공개) 순서는 시드(Seed) 투자로

창업 → 시리즈(Series) A → 시리즈(Series) B → 시리즈(Series)C → 프리IPO → IPO 순서대로 진행된다. 중소기업진흥공단 스케일업 사업(자산유동화 증권)을 통해 자산유동화증권 30억 발행, 신용보증기금(시설/운영) 15억 등 은행에서만 자금조달을 하는 것은 수동적인 자금조달 형태이다. 능동적인 자세로 3개월 동안 자금조달 하였던 이야기와 중소기업 경영 노하우를 글로 담았다. 투자유치 한 곳을 더 해 5억 정도 추가 받을 수 있었지만 빠르게 성장하고 지분 희석되기 때문에 내년에 받기로 하였다. 투자유치에 갈증이 있는 사람에게 이 책이 오아시스가 되길 바란다.

2. 우당탕 맨땅에 헤딩하기

2017년 7월 첫 출근

아내와 아무런 연고도 없는 시골로 왔다. 지역에서 아내가 일을 배우고 싶어 했다. 그때 내 나이 서른 살이었다. 기존 출고 부서 담당자가 퇴사하여 대체인력으로 입사하였고 담당자는 1명이었다. 면접 본 다음 날 출근하라는 말을 듣고 1주일 동안 인수인계를 받고 대리로 출고 업무를 하게 되었다.

지게차를 처음 탔을 때 두려움에 아기 걸음마 하듯 천천히 이동했던 장면이 생생히 기억난다. 하지만 한 달만 지나면 누구나 지게차를 운전할 수 있다. 걱정할 필요가 없다. 중소기업에서 지게차 자격증은 최고 스펙이다. 지게차는 일 효율을 극대화한다. 3톤 미만 지게차 경우 약 30~40만 원 정도 하는 16시간 이론 및 실습 교육을 수강하면 사업장 내에서 누구나 탈 수 있다. 만약 보통 1종 운전면허증이 있다면 지게차 면허증을 발급받을 수 있다.

출고 업무는 경영박사라는 소프트웨어에 매출을 기록하고, 세금계산서를 발행했다. 작은 업체는 택배로 보내고, 큰 업체는 용차를 불러 팔레트 단위로 출고 했다. 남들은 중요하게 여기지 않았지만 내게 맡은 업무이기 때문에 전문성을 가지고 임하였다. 입사한 지 6개월 만에 경영박사 프로그램에서 데이터를 뽑아내니 다들 나에게 방법을 물어봐서 의아했다. 중소기업은 물어볼 사람이 없어 셀프동기부여를 하면서 공부해야 한다.

7호 박스 크기를 물어보았을 때 자동으로 400*300*180mm, 팔레트 크기 1100*1100*120mm라고 답했다. 박스 사이즈 별로 1톤 트럭, 5톤 트럭 윙바디 등 적재 수량 엑셀로 계산하여 응대하였다. 판매 객단가는 같은데 부피감으로 인해 매출액 대비 물류비 비율이 타 제품에 비해 3배 높았다. 이익에 크게 되움이 되질 않아 포장 생산성에도 문제가 있다고 중단해야 한다고 말했다. 또한 중량 30g, 40g, 1kg 등 다양한 제품이 있는데 판매 원본 데이터를 엑셀로 다운받아 판매 수량 계산하여 1kg으로 통일시켜 연 판매량을 계산하였다. 1년 동안 평균 판매량이 현저히 떨어지는 제품들은 데이터로 설득하여 단종시켰다. 추상적으로 판매량이 낮으면 말로 설득이 아니라 수치로 제시하였다. 단종할 수 밖에 없는 근거를 만들었다. 판매 중량이 나오니 원물 매입량도 예상하기 쉬웠다. 이렇게 한 이유는 회사가 아니라 비효율적인 일에 답답해하는 나를 위해서였다. 상사를 설득시키는 방법은 데이터밖에 없다. 기존 세금계산서 발행도 하나씩하고, 팩스와 메일을 하나씩 보냈다. 어떻게 하면 일을 효율적으로 할 수 있을까 고민하다 전자세금계산서를 일괄 발행하고, 무료보다 건당 유료 50원 서비스를 활용하여 일괄 팩스 및 메일 보내기 등 업무 효율을 개선하고자 노력하였다. 출고 업무는 나에게 큰 도움이 되었다. 물건이 있어야 출고가 된다. 덕분에 생산에도 관여하게 되고, 수출

업무도 직간접적으로 하게 되었다.

2018년 경상남도주관 무역협회에서 5일 동안 무역 실무교육으로 수출 기본 지식을 갖게 되었다. 홍콩에 1팔레트 소량 수출을 직접 컨트롤 하면서 자신감을 얻었다. 어떤 사람은 "내가 왜? 제가요?"라고 말할 수도 있지만 중소기업이라 이런 경험도 할 수 있어 좋았다. 부가가치세법이 1977년 세금을 단순화하고 간접세로 조세저항을 줄이기 위해서 도입하였다. 당시 한국은 일본을 벤치마킹하여 세율 10%를 그대로 가져왔다. 세금계산서를 발행할 때 부가세 10%를 부가하는데 책, 야채 등 일부 품목은 면세로 세율이 0%이다. 수출도 0% 세율이라 면세인지 알았다. 수출은 면세가 아니라 영세율이 적용된다. 이유는 공정한 무역 경쟁을 위해서다. 수출에 부가세를 도입하면 10% 가격이 높아지는 셈이다. 나라마다 부가세가 달라 같은 제품이라면 가격 경쟁력에서 밀리기 때문이다.

근무한지 1년 6개월 만에 아내와 지중해 몰타에서 두 달 정도 있을 기회가 있었다. 어학연수와 유럽 여행을 동반한 휴식이었다. 당시 몰타의 부가세는 18%였다. 제품을 구입할 때마다 높은 부가세를 확인하니 부담스러웠다. 유럽에 지내면서 높은 세율을 체감하였다. 몰타 여행을 위해 퇴사를 말했더니 경영진에서 퇴사 대신 휴직 제안했다. 복귀 후에 자리가 없어 기획 부서를 신설하여 기획 업무를 맡게 되었다. 부족한 게 많았지만, 그동안 열심히 한 모습을 좋게 봐주신 거 같다.

2019년 기획업무

여행을 다녀왔더니 공장에서 화재가 발생하였다. 건물 2개 동이 소실되어 보험금을 받았지만 보험 가입 금액이 적어 손해를 보았다. 보험가입 금액을 높게 설정하면 월 소멸 비용이 높고, 여유도 없기 때문에 당시 회사는 40~50% 수준으로 보험 가입하였다. 보험을 모르는 경우가 있어 말씀드리자면 헌법에 나오는 비례의 원칙이 작용한다. 화재가 발생했을 때 1억을 보상해주는 화재보험에 가입하여도 시간이 지나 기계를 추가하여 해당 건물에 기계가 총 3억 있다면 전체 보상받지 못한다. 보상금액 1억만 가입했기 때문에 기계 1대 1억이 불타서 소실되었다면 비례의 원칙에 의해서 33%인 3,300만 원만 보상받는다. 회사가 어려울 때는 보험 해지 환급금도 유용하게 사용한다. 회사가 언제 위기가 올지 모르기 때문에 중소기업중앙회 공제 기금을 들어놓으면 급할 때 100% 예금담보 대출이 오전에는 바로, 오후에는 다음날 대출이 가능하다.

정부 정책자금은 저금리라 좋지만 정부 세금이 들어가고 다른 회사도 혜택을 받아야 하므로 연장되지 않는 위험이 있다. 무조건 정책자금 금리가 낮다고 좋은 게 아니다. 규모가 커서 상환할 여력이 없다고 판단되면 이자가 높더라도 6%를 이용하는 게 낫다고 판단한다. 상환 스케줄을 파악하여 리스크 관리를 해야 한다. 중소기업은 자금 부족으로 유동성 위기를 겪으면 직원은 불안을 느끼고 퇴사로 이어진다. 오너만큼 재무 리스크를 관리해 주는 사람이 필요했다. 지역에서는 사람 찾기가 쉽지 않다.

회사가 어려울 때 직원들은 새로운 업무를 부담스러워한다. 나는 상관이 없었다. 금융 이해도가 있어 어렵지 않았고, 어려운 문제를 해결할 때 성취감을 느꼈다. 직급은 대리지만 사장 대리라 생각했고 좋은 결과를 얻었다. 아직도 은행직원 말이 생각난다.

"대출업무를 대리가 오는 경우는 없는데 빨리 진급 하셔야겠어요."

대출 만기상환 유동성 위기를 해결

화재 이유로 당시 주거래은행은 대환대출(타 대출로 기존 대출을 상환하고 다른 대출로 갈아타기)도 거부하고 상환을 요청하였다. 복귀하자마자 위기를 극복해야 했다. 먼저 30억에서 매출액 43억으로 성장했기 때문에 금리인하 요구권을 은행에게 요청하였다. 금리를 낮춰줘 약 1,000만 원 이자 비용을 조기에 줄일 수 있게 되었다. 또한 자산재평가 개념을 알고 있어 5년이 지났기 때문에 건물을 제외하고 토지에 자산재평가를 하였다. 자산재평가는 자본 아래 기타포괄손익누계액 항목으로 들어가는데 자본이 증가하여 부채비율(부채/자본)이 개선되었다. 예를 들어 토지 1,000평을 5년 전에 장부가액 10억 주고 매입했는데 5년 후에 평당 50만 원 상승하여 현재 가치는 15억이 되고, 자본금은 5억이 증가한다.

담보 여력이 더 생겨 대출이 가능하다고 생각하였고, 국책은행인 기업은행으로 옮기면서 3억 대출금을 상환하고 오히려 대출을 더 빌렸다. 비 오는 날 우산을 가져가는 게 은행이라고 하지만 기업은행만큼은 구조상 아니라고 생각한다. 최대주주가 국가이므로 기업은행은 국책은행으로 타 시중은행 대비 대출 비율도 높고, 상품 가입 강요도 없다. 대출 이후에는 부당 요구가 없었는지 전화가 온다. 사업을 하기 위해 땅을 매입한다고 하면 토지 금액의 8~90%까지 대출해준다. 기업은행은 타 시중은행과 비교가 안 된다. 당시 원래 주거래은행은 위험한 회사 잘 떠났다고 생각하겠지만 반드시 성장해서 땅 치고 후회하는 날이 있을 거라고 다짐하였다. 현재는 그 약속을 지켰다. 최고의 복수는 상대방을 비난하는 게 아니라 성공하는 모습을 보여주는 것이다.

중소기업 자금조달 방법은
대학에서 배우지 못한다

대학 학부는 회계를 전공하였다. 기본적으로 자금조달을 배우지만 대기업 위주의 자금조달 방법을 배운다. 중소기업은 신용이 없어 회사채를 발행할 수 없고, 비상장회사라 주식을 발행할 수도 없다. 내가 배운 지식은 아쉽게도 아무런 쓸모가 없었다.

일반 건물과 토지 담보대출 신용대출 이외에 여러 가지 대출이 있다. 은행마다 다르지만 동산담보 대출, 지적재산권 특허를 이용한 IP 대출, 무역 실적을 이용한 무역 대출이 있다. 기관의 보증을 이용한 대출도 있다. 신용보증기금에서 80~90% 보증하고 은행이 10~20% 대출하는 보증서 대리대출과 중소벤처기업진흥공단 직접 대출과 보증하는 대리대출이 있다.

은행은 보수적으로 담보 여력이 없으면 더 이상 빌려주지 않지만 중소벤처기업진흥공단은 과거 재무제표보다 사업계획서 성장성을 중점 두고 대출해 준다. 보증회사는 기술보증기금과 신용보증기금이 있는데 둘 중 하나만 선택하여 사용할 수 있다. 기술적인 측면이 있는 회사라면 기술보증기금을 이용하면 된다. 우리는 기술보증기금 사용하다가 10년 만기가 되면 돈을 갚아야 했다. 당시 은행에서 방법을 알려줘 기술보증기금에서 신용보증기금으로 갈아탔다. 돈을 갚지 않고 연장하는 방법을 제안해 줘 지금은 신용보증기금을 사용하고 있다.

은행에서 가장 좋아하는 대출상품은 보증서가 있는 상품이다. 보증회사가 보증해줘 자기 리스크 10~20%만 있고, 이자수익을 얻을 수 있기 때문이다.

보증으로 대출해 주는 회사로는 크게 농신보

(농림수산업자신용보증기금), 기보(기술보증기금),
신보(신용보증기금) 3가지로 구분된다. 각 홈페이
지에 가면 자세히 대출하는 방법, 한도 등이 나와
있다.

농림수산업자신용보증기금 경우 법인 20억
이며, 인노비즈 인증이 있는 경우 30억 등 보증 한
도는 자본총계×6 또는 매출액 절반 중에서 낮은
금액이 보증을 사용할 수 있다.

신용보증기금 경우 수출 유망중소기업 인증,
수출실적 10억 이하인 기업은 매출액의 1/4, 수출
실적이 10억 이상인 기업은 매출액의 1/3 보증해
준다.

중소벤처기업진흥공단 경우는 여성 기업인
증, 가족친화기업 인증 등 우대해주는 인증이 많이
있다. 대출하기 위해서는 미리 준비해야 한다. 각

기관에서 밀고 있는 정책에 적극 참여하면 대출 성공 확률도 올라간다. 내일채움공제 가입 인원, 수출 실적, 고용 실적 등 점수배점표를 보고 대출해야 한다. 중소벤처기업진흥공단을 2022년부터 이용했는데 3년 동안 4번이나 대출받았다. 5년 이내에 3번만 대출받을 수 있는데 실적이 우수한 기업은 최대 4번까지 받을 수 있다. 우리 회사는 이미 다 사용하여 대출은 어렵고, 이차보전 3%, 회사채 발행 등 다른 지원사업을 신청할 수가 있다. 참고로 신용보증기금과 중소벤처기업진흥공단은 대리대출 및 직접 대출 이외에도 직접투자도 해준다. 다만 신용보증기금 경우 업력 17년 이내 등 제한이 있어 창업한 지 10년 이내 회사는 투자받는 것을 추천한다.

제조업은 성장하려면
막대한 투자가 선반영

　매출이 증가하기 위해서는 영업도 중요하고, 생산도 중요하다. 기본적으로 생산량 증가를 위해 막대한 투자가 필요했다. 2021년부터 2023년까지 매년 20억 이상 투자했던 거 같다. 매출액 100억 가면 돈이 남을 줄 알았는데 돈이 없는 걸 이해를 못 하자 경영진에게 설명하였다. 식품 제조업 당기순이익 대기업들 평균 5% 정도, 좋아도 7% 정도밖에 되지 않는다. 현금흐름이 유입보다 유출이 많기 때문에 당연히 매출 100억 넘어도 5억밖에 남지 않는다. 자금이 없는 게 당연했다.

　103억에서 107억 매출은 정체되어 은행 대출은 더 이상 힘들었고, 그럼에도 우리는 성장해야 하므로 신용보증기금을 최대한 이용하였다. 타 기업 대비 담보에 비해 많이 사용하고 있어 더 이상 대출이 어렵다고 했다. 그래서 중소벤처기업진흥공단을 이용하여 이를 해결하였다. 신용보증기금 메인 비즈 인증 자격증이 있으면 보증료 0.2% 감면해 주고, 수출 실적이 좋으면 0.3%까지 감면해 준다.

중소벤처기업진흥공단은 보증 대리대출 이외에도 직접 대출을 해주는데 기준금리가 2.5%라면 각종 인증 0.5% 할인해 줘 2% 금리로 대출받았다.

이자 차익 보전을 줄여 이차보전이라고 한다. 해당 지역 지방자치단체에서도 2~3% 지원하고 있지만 경상남도 중소기업육성 자금 이차보전 1.5~2%도 있다. 그 외에도 중소벤처기업진흥공단 이차보전 3%, 대기업 납품하는 업체라면 이마트, CJ 올리브영 상생 펀드 이차보전이 있다.

CJ올리브영에 납품하고 있어 이차보전 2.3% 지원받아 금리를 낮췄다. 중소기업 신용이 좋지 않아 보통 금리가 5~6% 높지만 정부 이차보전 등 정책자금을 활용하여 작년 이자율은 4%였다. 기준금리를 알고 가산금리 등 개념을 아는 사람은 나의 노력을 알겠지만 모르는 사람은 다 은행이 알아서 다 해주는 걸로 안다. 물론 역량 있는 은행담당자는 다 알아서 해주겠지만 그런 사람은 만나기 힘들다. 본인이 알아서 찾아야 한다. 대기업에서도 상생 펀드를 만들지만 은행에도 상생 펀드가 있다. 기업은행은 잡(JOB)펀드를 만들어 고용 창출을 하면 1인당 50만 원 지원하는 제도가 있어 혜택을 받았다. 또한 중증 및 희귀병 가족 치료비 지원 펀드가 있어 우리 직원이 혜택을 보았다. 선한 영향력으로 향후 상장하게 되면 우리도 협력사 상생펀드를 만들고 싶다.

중진공 스케일업 사업

현재 3,000평 부지에 1,900평 2층 규모 공장을 짓게 되어 건물 및 기계에 100억이 필요했다. 이번에는 자산유동화증권(P-CBO) 회사채 30억을 발행하게 되었다. 회사채 신용등급은 최소 A등급만 받아주는데 대부분 중소기업은 B+ 이라 회사채를 발행하지 못한다. 중소기업진흥공단 일부 인수하고 일부 민간에 공모하여 약 5~6% 금리로 자금조달을 한다. 금리는 다소 높지만 최소 30억에서 최대 120억까지 대규모 자금을 조달할 수 있어 성장성이 높은 기업에는 유용하다.

중소기업은 멀티플레이어

누군가가 나에게 직무를 물어보면 '잡부'라고 낮춰 말한다. 실제로 인사/총무/소방/환경/안전/정부 지원사업/재무/기획/법무 등 여러 가지 일을 한다. 누가 나에게 시킨 게 아니다. 중소기업은 사무실에 사람이 부족해 멀티를 할 수밖에 없다. 4년 전, 같은 팀에 1명을 채용하고 올해 1명을 추가 채용하였다. 지금은 업무 부담이 줄어들었지만 성장을 위해 계속 새로운 일을 하는 스타일이라 일은 줄어들지 않았다. 올해부터는 안전 업무는 새로 생긴 안전 부서에 이관하고, 공무팀도 1명에서 3명으로 증가하면서 소방업무도 공무팀에게 이관하였다.

일을 잘해도 문제가 된다

국토계획법, 산업집적법, 식품산업진흥법, 농지법, 식품위생법, 근로기준법, 산업안전보건법, 중대재해처법, 대기환경보전법, 조세특례제한법 등 업무를 하면서 법제처 들어가 법 공부도 많이 했다. 해당 부서가 있지만 문제가 생기면 회사 전체에 영향을 끼치기 때문에 어쩔 수 없이 타 부서 업무도 관여하게 되었다. 문제는 좋은 의도로 해결하였지만 부서 담당자는 기분이 나빠 곤란해지기도 한다. 해결하지 못해도 회사는 문제이고, 해결하면 개인 관계가 불편해지는 아이러니한 상황이 되었다. 좋은 점은 상수도관 크기 정하는 방법, 판넬 두께, 냉동창고, 전혀 상관없는 법률 등 잡지식이 늘었다.

업무능력 향상은
업무 구조화 그룹웨어

KT에서 개발한 그룹웨이 비즈 메카는 저렴하고 유용하다. 특히 중소기업 명함에 네이버 메일 주소가 적혀 있는 것보다 회사 메일주소가 적힌 명함이 훨씬 신뢰감을 준다. 게시판에 업무 매뉴얼을 적어놓았는데 그룹웨어를 2018년 하반기에 도입하였다, 중소기업 경우 네이버 메일을 사용하는 경우가 있는데 KT에서 만든 비즈 메카 그룹웨어 사용하면 원하는 도메일 메일을 사용할 수 있다. 전자결재/메일/게시판/업무 문서함 등 출장 중 휴대폰으로도 업무를 할 수 있어 편하다. 사람이 변경되면 인수인계 시간도 부족하고 가끔 하는 업무는 나도 헷갈린다. 시행착오를 줄이기 위해 매뉴얼 게시판을 2020년도에 만들었다. 최근에 알게 된 사실이지만 요즘 초등학생들은 일기를 쓰지 않는다고 한다. 조선시대 이순신 장군의 난중일기처럼 기록해놓으면 도움이 된다. 일기는 본인에게 도움이 되고,

업무에 관한 일기는 후임자에게 도움이 된다. 내가 조직을 떠나더라도 글은 전산시스템에 기록되어 남아 있다. 용량이 큰 것들은 나스(NAS) 저장시스템을 이용하면 된다. 정부 지원사업으로 200만 원이면 나스(NAS) 설치가 가능하다.

2021년 외부감사법에 적용되는 회사로 성장하다

외감법에 따르면 매출액 100억, 자산 120억, 고용 100명, 부채 70억 이상 4개 중의 2개 이상 해당하게 되면 외부 공인회계사에게 감사를 맡겨야 한다. 우리 회사도 규모가 커짐에 따라 2022년부터 공인회계사에게 외부감사를 맡겨 모든 정보가 금융감독원 전자공시 사이트에 노출이 되어 있다.

다른 회사 재무제표 확인 방법

　　매년 3월~4월에 12월 결산한 재무제표 정보가 금융감독원 전자공시 사이트(https://dart.fss.or.kr)에 게시가 된다. 주석에는 자세한 내용이 모두 적혀있다. 각 은행 대출 이자율이 얼마인지, 대여금, 우발부채 소송 등이 없는지 투자자 보호를 위해 자세히 적혀 있다. 별첨에 회사 정관까지 다운로드 받을 수 있어 중간배당 규정이 있는지 등 회사의 웬만한 정보를 파악할 수 있다. 주식 투자자들은 많이들 알고 활용한다. 나는 일정 규모 기업 거래처 파악할 때 유용하게 사용한다.

　　CEO들은 거래 성사를 위해 본인의 규모를 기존보다 더 부풀러 이야기하는 경우가 많다. 미리 거래처를 파악하면 협상 테이블에서 끌려 당하지 않는다. 회원 가입도 필요 없이 누구나 재무 상태를 확인할 수 있다. 작은 기업인 경우에는 채용사이트 고용 24, 사람인 등을 통해 자세히는 아니어도 기본 재무 정보가 나와 있다. 여기에도 정보가 없다면 나이스 신용정보, 크랩탑 등 유료 사이트에 건당 15,000원 비용을 지불하고 정보를 파악한다. 보통 거래를 하려면 나이스 신용평가와 한국기업평가데이터에 매년 신용분석을 맡기기 때문에 3월에 결산 자료가 나오는 4~5월에 업데이트가 되어 있다.

매출채권 관리 방법

거래처 계약도 중요하지만 성사되고 매출채권 관리도 중요하다. 세금을 체납하거나 4대 보험 납부를 하지 못하는 경우를 감지하여 알려주는 서비스도 있다.

A라는 거래처가 있었다. 신용등급이 좋지 않아 신용정보기금을 통해 매출채권보험을 (1년 기준으로 회사 신용도에 따라 다르지만) 보험가입금액에 1.3~1.6% 정도 내고 가입하였다. 최소 가입 단위는 10만 원부터이다. 즉, 10만 원 보험 가입하면 매출채권 사고가 발생했을 때 600만 원 보상을 받을 수 있다는 이야기이다. 시간이 지난 후 세금이 체납되어 위험하오니 더 이상 거래하지 말라는 조언을 받았다. 통보 이전에 돈을 받지 못하면 보험으로 지불 되지만 이후 계속 거래해서 생긴 미수금은 보상이 되지 않는다고 보험이 자동 해지 되었다.

내용을 알려줬지만 거래 금액이 400만 원으로 크지 않았고, 물품대금을 밀린 적이 없어 계속 거래했다. 하지만 두 달 뒤 실제로 부도가 나 돈을 돌려받지 못하였다. 과거의 경험은 현재의 큰 교훈이 되어 지금은 매출채권 관리를 철저하게 하고 있다.

이 글을 통해서 간접 경험하고 같은 실수를 안 하길 바란다.

채권추심회사 통한 매출채권 회수

거래처가 부도나서 채권추심을 통해 건물을 경매하여 배당을 나눠 가질 수도 있다. 이미 1순위 은행 및 보증 회사에게 근저당이 잡혀 있어 거래처가 받을 수 있는 금액은 적다. 500만 원 정도 되는 매출채권이었는데 이 때문에 처음으로 법원을 가 보았다. 당연히 상대방 당사자는 오지 않았다. 우리 측 주장을 그대로 인정받아 법정이자와 지급명령 판결받았다. 하지만 상대방은 돈이 없어 아무런 의미가 없다, 다행히 경매를 통해 후순위 배당이라 받을 게 없는 줄 알았는데 100만 원 배당받았다. 그중 채권추심 수수료를 보통 33% 정도 주고 나니 66만 원 정도 남았다. 지급명령 재판은 간단해서 추심업체 통하지 않고 인터넷으로 할 수 있는데 시간 효율을 위해 전문업체에 맡기는 걸 추천한다.

3. 나처럼 어두운 산길에서 헤매기보다
   후배들은 포장된 길에서
   걷길 바라는 마음에서

분석 능력 키우기

어떤 조직이나 경영기획팀은 경영진이 의사결정 하는데 도움이 되는 데이터를 가공 생산하여 보고한다. 따라서 기본지식이 있어야 하고 현재 방향이 어떻게 돌아가고 있는지 정무 감각도 있어야 한다. 중소기업은 구조상 급여는 낮게 받지만 급여가 낮다고 실력도 낮은 것은 아니다. 농촌에 있는 중소기업경영기획 업무 담당자이지만 집에서 경남 지역 뉴스를 챙겨 보고, 지자체 군의회 홈페이지에 들어가서 행정 사무감사를 보면서 주요 현안이 무엇인지 살펴본다. 그래야 대화의 흐름에 동참할 수 있다. 원가는 원 단위 가격이고, 분석은 더 이상 안 쪼개지는 원자가 나올 때까지 쪼갠다. 먼저 분석해야 해결 방법이 나온다. 지구단위계획으로 건폐율을 완화할지, 아니면 산업단지 인•허가 절차 간소화를 위한 특례법으로 건폐율을 완화시킬지 알아야 통과되는 민원을 만들 수 있다. 대부분 단순히 불만

인 민원이 많다. 해결 방법까지 제안하면 해주지 않는 공무원은 없다.

안전 업무

휴직하고 복직했을 때 화재가 발생했음에도 불구하고 유탕실에 빨간색 ABC 소화기만 있고 K급 은색 소화기가 없는 걸 보고 느꼈다. 오늘부터 내가 회사 안전관리 담당자이다. 아무리 매출이 증가해도 화재로 생산 시설이 파괴되면 내년 매출은 0원이다. 리스크 관리 차원에서 내가 해야겠다고 마음먹었다. 리스크는 재무 리스크뿐만 아니라 안전 리스크도 회사에 타격을 줄 수 있다. 투척용 소화기, 기름은 온도가 300도 이상 되면 자연발화 된다는 거, 덕트 청소로 화재방지하고, 숨손수건 마스크부터 투척용 소화기, 넓은 화재 진압 담요를 구매하고 비상 출입 안내도 부착 및 확성기를 건물마다 비치하였다.

건물 및 토지 분석하는 방법

토지 이음(https://www.eum.go.kr) 홈페이지에 들어가면 해당 지역에 제한 행위, 카페, 공장 등 행위 가능 여부 등 관련법이 나와 있고, 모든 정보가 있다. 위성사진과 지도를 보여줘 유익하다. 매물로 나온 농지를 분석하고 도로가 있는지, 도로가 없다면 현황도로가 있는지 파악한다. 현황도로는 쉽게 말하면 지적도로만 보면 사실상 길이 없는 맹지이지만 과거 새마을운동 할 때 다들 십시일반 양보하여 길을 만들어서 실제로는 길로 사용하는 경우가 있다. 그런 경우 지적도상 맹지라도 현황도로가 있으면 구입한다. 단, 과거 도로 말고 최근에 개발해서 땅에 1인 소유로 기부채납도 안 되고 대지를 도로처럼 만드는 경우가 있다. 그런 경우 경매가 넘어가고 해당 도로는 막혀서 사용료 납부 등 사회적 이슈가 되는 경우가 있다. 그런 건 구입하면 안 된다. 단순히 사례 없이 짧게 설명하지만 시간을 투자하고 경험해야지 얻을 수 있는 일이라 체감이 안 될 것이다.

대법원 인터넷 등기소

(https://www.iros.go.kr)

    홈페이지에 들어가서 부동산 인근 지역 등기 부등본 떼서 거래 매매 가격도 파악하고 매도자가 내놓은 시세가 적당한지 파악한다. 농업회사법인 경우는 농지를 구입할 수 있는 자격이 있지만 무조건 해당 면사무소에서 하는 농지심의위원회를 거쳐야 한다. 농업경영계획서를 작성하고 신청하면 2주 뒤에 농지취득자격증명원이 나온다. 경매할 때는 시간이 없기 때문에 미리 하지 않으면 기간이 넘어가서 계약금을 날릴 수도 있기 때문에 주의해야 한다.

위험성 평가 인증

위험성 평가를 하고 위험성 평가 우수사업장 인정을 받았다. 50인 미만 사업장 경우 위험성 평가 우수사업장을 받게 되면 산재보험을 20% 감면해 준다. 직원이 많으면 비용도 만만치 않다. 또한 10년 동안 지원사업 한도 예산이 2,000만 원인데 인증받은 기업은 예산 한도를 3,000만 원이 되어 1,000만 원 더 지원 받을 수 있다. 이동식 에어컨, 지게차 등 각종 지원금을 안전관리공단에서 주고 있다. 안전관리공단 홈페이지 가면 위험성평가 절차서부터 자세히 서식이 나와 있고, 무료 컨설팅도 해주기 때문에 어렵지 않게 할 수 있다.

관리감독자 교육(16시간), 위험성평가 교육(16시간)을 들어보니 안전 검사에 대해서도 챙기게 되었다. 컨베이어벨트, 콤프레샤 압력용기 등 안전 검사를 2년마다 챙기고 있다. 영세한 업자들은 자율 안전 확인 신고도 없고 비상정지 버튼도 없이 납품하는 경우가 있다. 그럴 경우 안전 검사를 받을 수 없기 때문에 기계를 구입할 때부터 챙겨야 한다. 안전 관련 스티커도 비싸게 인터넷에서 돈 주고 살 필요가 없다. 안전관리 공단에서 택배비만 주면 무료로 기업당 할당되어 위험을 알리는 마스크 착용, 끼임방지 등 여러 가지 스티커를 무료로 준다.

각종 인증 획득

기존에는 벤처기업 인증, 여성기업 인증, 농촌 융복합산업 인증 3개 인증밖에 없었다. 자발적으로 찾아 가족친화기업 인증, 위험성 평가 인증, 메인 비즈 인증, 경남 청년 친화 기업 인증, 경남 고용 우수기업 인증, 인재 육성형 인증, SMETA(공급망 윤리) 심사 통과 등 여러 인증을 유료 컨설팅 없이 인증받아 자부심이 있다. 보통 사람인 나도 할 수 있듯이 누구나 충분히 할 수 있다. 여러 가점이 있지만 주요 핵심만 말하겠다.

여성기업 인증

대표가 여성이면 인터뷰만으로 받을 수 있는 간편한 인증이다. 입찰 및 중진공 대출에도 감점이 있다,

가족친화기업 인증

국군복지단 등 입찰에 가점이 있어 신청하게 되었다. 가족친화기업 홈페이지에 무료 컨설팅이 있기 때문에 쉽게 획득할 수 있다.

벤처기업 인증

세제 혜택이 있고 상장할 낮은 장벽으로 도움이 된다. 보통 스톡옵션을 10% 이내로 하는데 벤처기업은 50%까지 줄 수 있고 2억까지 비과세 된다.

메인 비즈 인증

신용보증기금에서 하는 인증으로 보증료를 0.2% 절감해준다. 국세청 세무조사 유예가 되는데 수도권은 2년, 지방은 3년이다. 유효기간은 3년 단위다.

경상남도 청년 친화 기업,
고용 우수기업 인증

지자체에서 하는 인증이다. 근로환경 개선금 각 1,500만 원씩 주고, 고용 우수기업은 2,500만 원, 청년 친화 기업은 1명당 고용 시 1,000만 원씩 총 5,000만 원의 혜택으로 신청했다. 안전관리공단 산업용 이동식 에어컨 지원금을 받아 6대 설치 했지만 해당 제품은 열기가 밖으로 나가는 게 아니라 바로 위로 올라가 앞에만 시원하고 내부 전체 공기는 뜨겁다. 퇴사율이 높으면 생산에도 영향을 주는 단점을 개선하고자 냉방 덕트를 알아보았다. 3,000만 원 정도 비용이 들었는데, 당시 회사가 어려워 해결이 쉽지 않았다. 그래서 인증을 통해 근로 환경 개선금 1,500만 원을 2022년도에 고용 우수로 받고, 2023년에는 청년 친화 기업으로 받아 냉방 덕트를 2개 설치하였다. 직원들이 좋아하는 모습을 보니 기분이 좋았다. 특히 청년 친화 기업은 육아휴직 대체인력 지원금도 준다. 일반 중앙정부에서 회사에서 주는 것은 월 120만 원 수준이고, 전후 3개월이다. 하지만 경상남도 청년 친화 기업 인증받은 회사에서 육아휴직을 쓰고 청년을 채용한다면 인수인계 전후 3개월이고, 지원금도 245만 원 수준이다. 만약 육아휴직 1년을 사용한다면 전후 3개월, 총 18개월 지원금을 계산하면 약 4,400만 원을 지원해 주어 편하게 육아휴직할 수 있는 환경이 되었다.

인재 육성형 인증

중소벤처기업진흥공단 대출에 가점이 되기 때문에 신청하여 인증받았다.

농촌 융복합산업 인증

해당 인증은 농업회사법인이 주로 받은 인증이다. 해당 인증이 있으며, 농지에도 체험관 및 카페 500제곱미터 이하 건물을 지을 수 있다. 농촌 경우 농업기술센터 지원 예산이 많은데 해당 지원 사업 가점이 있다.

SMETA (공급망 윤리심사) 심사 통과

SMETA(Sedex Members Ethical Trade Audit) 말 그대로 세덱스라는 영국 본사를 둔 민간 비영리 기관에서 공급망 윤리 심사를 하는 거다. 2024년 중국 월마트 계열에 샘스클럽에 입점하기 위해서는 SMETA 심사를 통과 했다. 월마트에서는 SMETA 심사 결과 4등급으로 구분하는데 2번째 등급 수준이면 영구 패스가 되고, 3번째 등급은 매년 심사받아야 한다. 4번째 등급은 탈락이다. 중국 수출은 확정되었는데 해당 심사를 받아야 한다고 갑작스럽게 요청이 들어왔다. 해외영업팀에서 기존 이야기하는 인증심사 기관이 있었지만 한달 뒤에 심사받을 수 있다고 했다. 미리 심사를 준비하지 않았냐 등 문제가 생겼다. 심사비가 400만 원이라 수출 확정되면 심사받는 걸로 진행한 듯싶다. 나보고 문제를 해결하라고 해서 인증기관 10곳에 전화해서 가장 빨리 진행할 수 있는 인증심사 기관을 섭외하였다. 사정 설명하고 일정 조정해서 1주일 뒤에 심사받았다. 2번째 등급으로 통과 하였다. 여기에서 말하고자 하는 것은 적극적인 태도로 임하면 길이 보인다는 것이다. 빨라도 한 달 뒤에 심사받을 수 있었지만 1주일 뒤 심사로 앞당겼다. 시간이 부족했음에도 불구하고 500~1,000만 원 되는 유료 컨설팅을 받지 않고 준비해 통과시켰다. 지원사업을 통해 심사료도 400만 원에서 80% 지원받아 자부담 20%로 해결하였다. 이런 자신감은 누적된 결과물이다.

곰팡이가 생기지 않는 방법

2021년 구매팀에서 반제품을 폐기하고 있었다. 담당자가 혼자라 도와준다고 하고 같이 폐기 작업을 도와주었다. 박스를 뜯고, 제품을 버리는 비용도 2,000만 원 정도였다. 땀 흘리면서 일하니 짜증이 났다. 매년 제품을 버린다고 하는데 곰팡이를 해결할 수 없을까? 집에 와서 새벽 2시까지 곰팡이 공부를 하고, 온도와 습도가 중요하다는 사실을 알았다. 창고가 열악하여 이중 천장이 없어 복사열이 그대로 들어왔다. 열기로 온도는 높고, 장마철 비가 오면 습도가 높아져서 생긴 현상이었다. 방법은 냉장창고를 만드는 건데 그것은 억 단위 비용이 발생한다. 현재 상태에서 해결하는 수 있는 방법은 습도는 제습기로 잡으면 된다. 300만 원짜리 나우이엘 제습기 2대 구입하여 500제곱미터 창고에 설치하고, 창문은 햇빛이 비치지 않게 시트지로 다 막았다. 복사열이 들어오지 않게 이중 천장을 하고 실링팬을 설치하였다.

실링팬은 미국에서 주로 사용하는데 공기 순환해 주는 역할을 한다. 공기 순환이 여름철에는 온도는 낮춰주고, 습도도 일부 잡아준다. 겨울철에는 공기 순환하면서 온도를 올려준다. 수입산 실링펜은 비싸 국내 중소업체 제품 440만 원으로 설치하였다. 지금도 잘 사용하고 있다.

500제곱미터(150평)를 냉장창고로 리모델링했다면 약 3억 정도는 비용이 발생하고, 매년 전기료도 부담되어 비용이 증가했을 테다. 하지만 1,000만 원에 해결하였다.

상대습도에 대해 교육하다

아무리 좋은 시설을 설치해도 지식이 없다면 무용지물이다. 비가 오는데 창고에 환풍기를 틀어 놓고 있었다. 아침 회의 시간에 관리자에게 교육했다. 비가 많이 오는 날에는 밖에 습도는 99%입니다. 환풍기를 틀면 안에 있는 공기는 밖으로 나가고 밖에 수분이 많은 공기는 안으로 들어옵니다. 제습기를 계속 돌아가고 쓸데없이 전기료만 낭비하게 됩니다. 비 오는 날에는 창고 환풍기를 틀면 안 됩니다. 비가 오지는 않아도 여름철 북태평양 영향 기후로 상대습도가 매우 높습니다. 그런 날도 환풍기를 틀지 마세요. 창고에 실링팬(천장에 달린 대형 선풍기) 있어 공기 순환이 잘 됩니다. "과거에는 안에 열기와 탁탁한 공기를 빼려고 환풍기를 틀었는데 요즘은 그럴 필요가 없습니다." 실링펜 설치할 때 기사님께 타이머를 설치해달라고 부탁했다. 온도가 올라가는 업무시간에는 실링팬이 돌아가고 저녁에는 자동으로 멈춘다. 타이머 기능을 모르는 경우가

많다. 전 직장에서 간판 불을 매일 시간 맞춰 켜고
껐다. 그때 타이머 기계를 알게 되었다. 2만 원밖에
하지 않고 손쉽게 설치할 수 있다. 지금은 점이지만
점이 모여서 선이 된다. 결국 시간이 지나면 그림을
된다.

원가절감 전기료 절감
콤프레샤 교체(피스톤 방식 → 스크류 방식)

식품회사는 포장 때문에 콤프레샤(공기압축기)를 자주 사용한다. 피스톤 방식 콤프레샤는 에너지 효율이 낮고, 스크류 방식 인버터 콤프레샤가 에너지 효율이 약 35% 높다. 대신 가격이 2배로 비싸다. 중소벤처기업진흥공단에서 혁신바우처, 탄소 바우처 사업이 있는데 둘 다 5,000만 원 정도 되는 사업이다. 지금은 자부담 비율이 올라갔지만 맨 처음에 탄소 바우처 사업이 나왔을 때 자부담이 10%였다. 직류, 교류 인버터 공부하면서 사업계획서를 작성하고 통과되어 설치하였다. 덕분에 연간 1,000만 원 전기료를 절감하였다.

수전 합리화 사업

(고압→저압 변경하여 전기료 절감)

'수전설비' 비용이 많이 든다고 했을 때 한자에 약해서 맨 처음에 무슨 말인지도 몰랐다. 수전설비 교체, 수전 합리화 사업인데 물 수水도 아닌 거 같은데. 공부를 시작했다. 받을 수, 번개 전 해서 변압기 교체 사업을 말하는 것이었다. 기존에 고압 950kW 사용하고 있는데 저압으로 500kW, 500kW로 변경하면 전기료 산정기준이 달라져 월 600만 원씩 절감 효과가 있다는 것이다. 대신 공사비와 한전 분담금이 발생한다. 예를 들어 고압은 1kW 당 26,000원만 내면 되지만 저압은 분담금을 1kW당 146,000원을 내야 한다. 저압 500kW 사용하려면 7,300만 원을 한전에 납부하고, 공사비도 들지만 ROI(투자회수 기간)가 3년이 나와 충분히 할 가치가 있다. 3년 이후부터는 매월 600만 원씩 원가절감을 할 수 있다.

폐기물 재활용
(튀김류 슬러지에서 기름 축출)

일반 폐유는 판매하면 돈이 된다는 사실은 알지만 튀김 제품 기름을 압축하여 바이오 기름으로 재활용한다는 사실은 모르는 경우가 많다. 튀김 제품 찌꺼기와 일반 원물 찌꺼기와 함께 5톤 녹색 암롤박스에 버렸다. 그러나 지금은 구분해서 버리고, 바이오기름 재활용 업체에게 판매하여 킬로그램당 100원씩 받고 있다. 폐기물 무게가 줄어들어 처리비용이 감소하고 연간 300만 원 수익이 발생하였다. 업체에서 수거할 통도 주고 알아서 가져간다. 튀김 기름을 짜내 재활용하니 환경에도 좋고 돈도 벌고 매우 유익하다.

지원사업 책자는
어디에서 받을 수 있을까?

매년 초 각 지방 중소벤처기업청(https://www.mss.go.kr)에서 지원사업 설명회를 한다. 유튜브로 생중계도 하고 홈페이지에 PDF 파일도 있다. PDF 파일로 봐도 되지만 책상에 두고 보기 위해 매년 설명회에 참석해 책자를 가져온다. 경상남도 지원사업 책자, 중기청 지원사업 책자, 유관기관(중진공, 신보 등) 총 3개 책자가 있다. 거기에 모든 지원사업이 나와 있다. 해당 지자체 지원사업은 지자체 홈페이지를 활용하면 되는데 일주일에 한 번씩 들어가서 확인한다. 단순히 큰 한 건만 받아 오는 게 아니라 200만 원 사업, 500만 원 사업, 1,000만 원 사업, 5,000만 원 사업 등 꼼지락 꼼지락 모아서 매년 3억 정도 혜택을 받는다.

일반산업단지 건폐율 완화
민원 해결

산업단지는 국가산업단지, 농공단지, 일반산업단지, 첨단산업단지가 있다. 한국산업 단지 홈페이지(https://www.kicox.or.kr)에 건폐율, 용적률 등 많은 정보가 있다. 더 자세히 알아보려면 지자체 해당산업단지 변경 고시를 검색하면 된다. 3,000평 부지에 건폐율 60%이면 1층 기준으로 1,800평 밖에 지을 수 없다. 토지계획법, 산단 직접법을 봐도 공업지역은 건폐율 70%까지 지을 수 있다. 그런데 이상하게도 이 지역은 60%였다. 남들이 안 된다고 했는데 70% 완화로 변경하였다. 공무원을 설득하기 위해 많은 공부를 했다. 공무원 입장에서는 골치 아픈 민원인이다. 전국 일반산업단지 700개 중에 경상남도 일반산업단지 117개를 조사하여 엑셀로 만들고, 오래되어 인터넷에 정보가 없는 산업단지 경우는 경상남도 18개 시군구에 전화해서 물어보았다. 보통 산업단지 건폐율은 70%이고, 특혜로

80%까지 준다. 녹지 비율이 낮아서 안 된다고 하면 녹지비율 더 낮은데 건폐율 높은 사례를 들고 오고, 낙동강 환경유역청 때문에 안 된다고 하면 강 근처 산업단지 건폐율 사례를 들고 왔다. 건폐율 70%에서 80%로 변경한 창원 일반산업단지 사례도 들고 왔다. 우리는 오히려 역차별로 10만 제곱미터 대규모 일반산업단지에서 건폐율 60%인 곳은 우리밖에 없다고 긴 설득 끝에 합심하여 바꾸기로 하였다. 10만 제곱미터 이상 산업단지 변경은 도지사 승인 사항이라 의제 협의 해야 한다. 환경용역 컨설팅 등 행정절차가 많아 시간이 걸렸지만 끝까지 책임감으로 해결해 준 공무원에게 감사하다.

관내 기업 입지보조금 조례 변경

옆 동네에서 사업장 추가하면 입지보조금을 준다. 기존 관내 기업에서 추가 사업장을 열면 잡은 토끼라고 입지보조금을 주지 않는다. 그래서 2014년 제1부지 입주했을 때 원래 지역에 있던 기업이라고 아무런 입지보조금을 받지 못하였다. 2021년 제2부지 땅 매입했을 때도 부당하다고 이야기했다. 입지보조금 주는 이유가 고용 창출 등 경제 기여 때문이다. 경상남도 조례 근거에서 주는데 원래 있던 기업이라고 지원을 주지 않는 것은 차별이다. 같은 경상남도인데 옆 동네로 옮기면 지원금을 준다. 형평성에 어긋났다. 20억 이상 투자하고, 10명 이상 고용하면 입지보조금 최대 30억 70% 받을 수 있다. 우리는 제1부지도 못 받고, 제2부지도 못 받아 억울함을 호소하였다. 다행히 관내 기업 조례를 변경하여 지원받을 수 있도록 변경하였다. 그 결과 10억 주고 매입한 토지를 한 푼도 지원 못 받을 뻔

했지만, 입지보조금 7억을 받을 수 있게 되었다. 참고로 산업단지에 건물을 짓게 되면 취득세 감면을 받게 된다. 지방세특례제한법 제78조 4항을 보면 특별한 이유 없이 3년 이내에 공장을 짓지 않으면 취득세를 부과한다. 여기에서 공장이라는 것은 업종마다 최소 면적이 있는데 C10 식품업은 12%이다. 즉, 제조시설, 부대 시설 포함해서 1,000평이라면 1층 기준으로 120평은 지어야 한다. 그 외에도 작은 조례 변경 및 지원사업 건의들이 있는데 한 기업만 혜택을 보는 게 아니라 해당 산업단지 전체 기업이 혜택을 받았다. 지역경제를 위해 민원인에게 귀 기울여 준 공무원에게 감사하다.

모든 경험은 자산이 된다

회사와 관련된 잡다한 업무들을 경험해서 힘들었지만 인생에 도움이 될 거라 생각했다. 재무실사 응대하는 과정에서 과거 출고팀에서 일했던 무역지식이 도움이 되었다. 회계사가 작년에 영업이익률이 9.8%인데 이번에 12.8% 상승한 이유를 물어봤다. 수출 같은데 이유를 자세히 물어보았다. 미리 내용을 파악하고 있어 분석해 보았다. 규모의 경제로 고정비와 인건비 감소라고 생각했는데 조직규모 확대로 인건비 비율은 별 차이가 없었다. 내수는 매출이 증가하면서 변동비 성격으로 2+1 행사 등 판매수수료가 증가하는데 수출 경우 판매수수료가 없고 간접수출 경우 중계무역상이 물류비를 지불하기 때문에 물류비가 증가하지 않아 결과적으로 같은 매출액이라도 수출 매출은 이익률이 더 높았다.

수출계약에서 EXW, FOB 등 종류가 많은데

EXW는 EXIT와 WORK 합성어로 공장출고가를 말한다. EXW 경우 제조업자가 걱정할 필요가 없다. 컨테이너도 알아서 보내주고, 통관 수수료도 포워딩 업체가 알아서 해주기 때문에 차량이 오면 물건 싣기만 하면 된다. 그렇기 때문에 매출이 증가해도 물류는 그대로라고 설명해 줬다. FOB(Free on Board)이라고 해서 말 그대로 부산항에서 배에 물건을 올리면 이후 신경을 안 써도 된다. 제품이 들어간 컨테이너를 배에 실을 때 50% 받고, 상대국 가서 통관을 통과하면 나머지 50%를 받는다. 미국 같은 경우 잔금 받으려면 1~2달 걸린다. FOB(부산) 표시되어 있으면 부산항까지 배차를 우리가 해야 한다. 포워딩 업체 섭외 통관 수수료도 우리가 내야 하므로 물류비를 우리가 부담한다.

보통 간접수출 경우 EXW 계약으로 하고 직수출 경우 FOB 기준으로 한다. 상대국에 도착 기준으로 배 운임료 및 보험료까지 부담하게 된다. 아무튼 재무실사는 회계사들이 특정 산업에 대해 잘 모르기 때문에 다 물어본다. 그래서 실무자는 모든 내용을 알아야 대응할 수 있다.

4. 투자유치

업무에 임하는 태도

만약에 회사채 자금조달에 실패하면 투자 계획도 대규모 조정이 들어가 실패하면 책임을 지고 그만둔다는 각오로 임하였다. 항상 반드시 해야 할 일이나 중요한 업무가 있으면 사직의 각오로 임하였다. 주어진 환경에서 최선을 다하는 사람은 아름답다. 최선을 다해서 실패한다고 해도 미련이 없었다. 반면에 투자 재무실사 비용은 투자받게 되면 투자받은 회사에서 전액 부담하고, 투자를 못 받으면 반반 부담한다. 남의 돈 받기 쉽지 않다. 라는 말을 몸소 체험하였다.

IR(Investor Relations) PPT 서식 자료

투자자 대상으로 기업 설명을 하는 건데 '한국벤처투자' 기관 홈페이지 및 유튜브를 보면 자세히 나와 있다. IR 자료는 PPT로 만드는데 처음 하는 사람은 난감하다. 그래서 비용을 주고 외주를 맡기는데 전혀 그럴 필요가 없다. '한국IR협의회(www.kirs.or.kr)' 사이트를 활용하면 된다. 상장회사를 위해 IR 실무자를 위한 초급, 중급 교육도 있어 비상장회사도 교육비만 내면 교육 받을 수 있다. 교육 이외에 점심시간에는 조별로 네트워킹 시간도 마련된다. 서로 명함을 주고 대화하는 시간을 가질 수 있어 추천한다. 홈페이지 회원 가입하면 무료 IR PPT 서식을 내려받을 수 있다. 유용하다. PPT 자료 중, 내가 원하는 페이지만 선택해서 사용하면 된다. 전문가 도움을 받지 않고 IR 자료를 만들고 그 자료로 투자유치 미팅하였다. 덕분에 투자유치 성공하였다.

펀드의 종류

투자유치 종류에는 크게 3가지이다. 사모펀드, 공모펀드, 모태펀드.

사모펀드

50명 이하 소수 투자자로 구성되어 있는 사모펀드는 수익률을 중점으로 추구하다 보니 안 좋은 이슈가 많다. 홈플*스처럼 단기간 매각하여 수익을 챙기다 보니 자산 매각해서 번 돈을 배당하고, 인원 구조조정을 한다. 또한 조금만 상황이 좋지 않아도 상환권을 요구하기 때문에 주의해야 한다. 지분이 5% 이상인 경우 이사선임을 요구할 수 있어 외부에서 인원이 들어오고 경영권 간섭도 생긴다.

공모펀드

흔히 우리가 월 10만 원씩 가입하는 적립식 펀드이다. 법적으로 투명하게 관리되고 공시하여 정보가 노출된다. 사람들의 돈을 모아 투자한다. 환매하게 되면 투자자들에게 돈을 돌려줘야 한다. 유동성이 중요하기 때문에 상장회사 중심으로 투자한다.

모태펀드

어머니를 뜻하는 모(母)와 태아를 뜻하는 태(胎) 의미인 모태펀드. 수익률보다 특정 목적으로 정부에서 50% 이상 출자하고 민간에서 50% 출자 위탁해서 운영한다. 매년 정부에서 펀드 위탁사를 선정한다. 현재 우리가 투자받은 회사는 자기자본이 아니라 위탁운용사이다. 예를 들어 수산 펀드 100억이 있다면 해양수산부에서 70억 출자하고 민간에서 30억 출자하여 모태펀드를 만들다. 연 1회 위탁사를 선정하여 맡기고 유지관리보수 1~2% 비용을 가져간다. 펀드 만기 시점 5년 후에 수익률 2(위탁):8(쩐주) 이런 식으로 배분한다.

국가에서 취약한 산업에 성장하기 위해 만들었다. 여성기업, 가족친화기업, 농식품 펀드, 수출

펀드, 수산 펀드 등 다양한 모태펀드 종류가 많다. 전략적으로 접근해 연락해야 거래가 성사될 확률이 높다. 농업 펀드 성격마다 다르지만 직접 경작하는 경우, 국가에서 지정하는 청년 후계농업인 등 조건이 있다. 후계농업인은 연 1회 지정하기 때문에 미리 준비 신청하는 게 좋다.

회사 매각을 희망했다면 사모펀드로 접촉하겠지만 상장할 회사이기 때문에 처음부터 사모펀드는 고려하지 않았다. 국가자금이 50% 이상 들어간 모태펀드만 연락하였다. 회사 매각을 원한다면 주로 사모펀드에 매각하는데 해당 직원들에게 먹구름 같은 소식이다. 보통 매각되면 수익성을 위해 인력 구조조정을 하고 중간관리자가 대체되기 때문이다.

모태펀드 투자유치 과정을 자세히 말씀드린다. 먼저 한국벤처투자, 농금원(농업정책보험금융원)에서 운영하는 ASSIST(https://assist.apfs.kr) 사이트를 이용한다. 모태펀드 성격을 파악하여 기간이 남아 있는 펀드 담당자 메일로 IR 자료를 보낸다. 2023년 11월 중소벤처기업진흥공단에서 하는 ESG 공모전에서 수상하였다. 수상식 이후 콘래드 호텔에서 한국벤처투자 주관으로 투자 상담을 3개 정도 경험했다. 당시 자세히 알지도 못하고, 제대로 된 IR 자료도 없이 회사소개서 가지고 미팅하였다. 잘 모르는 나를 위해서 00투자파트너스 투자심사역이 자세히 설명을 해줬다. 그때 인연이 되어 이번에 투자받게 되었다. 당시 매출액이 100억 정도밖에 되지 않고, 영업이익률도 한 자릿수였다. 기업가치가 낮다고 판단하고 투자를 받게 되면 지분이 희석된다. 투자유치를 적극적으로 하지 않았지만, 담당자와 계속 연락은 하고 지냈다. 투자를 긍정적으로 검토해 보겠다는 다른 펀드사는 올해 3월에 똑같이 연락했는데 펀드 자금이 소진되어 투자할 수 없었다. 펀드는 보통 2년 투자하고 5년 보유하기 때문에 등 각 목적에 맞게 시기가 정해져 있어 접근을 전략적으로 해야 한다. 예를 들어 현재 2025년인데 만기가 2027년 펀드에 아무리 메일을 보내봐도 소용이 없다.

모태펀드는 수익 추구보다 목적이 있고 여러 기업에 투자해야 하므로 규모가 작은 단점이 있다. 보통 100억 이상 투자를 받으려면 사모펀드와 협의해야 한다. 처음 시작은 모태펀드로 시작하고 향후 몸집을 키워 사모펀드에게 투자받으면 좋다. 투자유치 계약서를 보면 투자자에게 유리하다. 보통 모태펀드 경우 표준계약서 위주로 하고 리픽싱 조항이 있다. 처음부터 사모펀드와 계약을 하면 끌려당할 수 있다. 리픽싱 조항은 말 그대로 재조정 뜻이다. 특약으로 투자금액은 확정되어 영업이익이 적자가 발생하면 전환가격이 70% 보장한다. 기업가치가 떨어지면 손해이므로 리스크 보완 성격으로 적는다. 올해 10억 투자했는데 내년 적자가 발생했다면 10억÷0.7 (전환가격 70%)으로 지분율이 10

억 정도만 있었다. 14억 가치만큼 변경된다. 기존 주주에게는 좋지 않다. 자세히 파악해야 한다. 우회 상장, 인수합병에도 리픽싱 조건이 들어간다.

투자유치 하는 방법

각 지역 창조경제 혁신센터 또는 지자체에서 주최하는 IR 데모데이가 있다. 경상남도에서는 GAST(https://www.gsat2025.com/)가 있다. 지자체 추천 받으면 무료 부스를 주고, 국내외 투자사와 미팅을 주선해 준다. 경상남도는 지역은행 BNK부산은행 자회사 BNK 벤처투자, 경남벤처투자 등이 참석한다. 행사날짜를 잘 파악하여 준비하기를 바란다.

우리 회사는 농수산물을 가공하기 때문에 농식품 펀드, 수산 펀드 위주로 연락했다. 투자사에 수많은 IR 자료가 오기 때문에 메일로 설득은커녕 IR 보고서를 보게 하는 것조차 쉽지 않다. 30개 메일을 보내도 전달이 제대로 안 되거나 시기가 맞지 않아 회신이 없을 수도 있다. 기본값이라 생각하고 포기하면 안 된다. 연락이 닿으면 통화는 한계가 있어 직접 가서 IR 발표하겠다고 적극적으로 임했다.

예를 들어 펀드 기한이 7년이라면 보통 2년 동안은 기업발굴 투자 결정하는 기간이고, 5년은 기다리는 기간이다. 그렇기 때문에 돈 쓰는 초기에 제안해야 한다. 한국벤처투자 홈페이지 가면 매년 한국 모태펀드 출자 사업 선정 결과를 공지한다. 보도자료 뉴스에 검색하면 00투자파트너사가 선정되었다. 라고 뉴스가 나오기도 한다. 청년창업 300억, 여성기업 200억 등 분야마다 정부가 출자한 펀드 위탁회사가 선정되어 있다. 올해는 00투자파트너사가 받고, 실적이 좋지 않으면 내년에는 다른 00 투자파트너사가 받을 수 있다. 인적 네트워크

통해서 VC를 만나는 것도 좋지만 없다면 콜드 메일을 통해 해결해야 한다. 대상을 확실히 파악하고 메일을 보내야 한다.

농업 펀드에서 연락해 왔을 때 투자 조건이 처음에는 청년 후계 농업인도 아니고 농지도 없고 다음에 펀드 생기면 통화하자는 분위기였다. 당시 이미 수산 펀드와 먼저 업무를 진행 중이라 투자를 받지 않아도 상관없었지만 확정이 되지 않은 상태였다. 다른 펀드 투자를 준비하면 수산 펀드 투자 심의 할 때도 도움이 될 거라 전략적으로 판단하였다. 적극적으로 전화를 드려 시간 내주시면 방문하여 설명을 해드리겠다고 했다. 주식투자도 혼자 투자하면 무섭지만 다들 삼성전자 주식을 매입하면 겁이 없어지고 투자하는 거처럼 마찬가지 전략이다. A사에는 B사가 투자한다고 하고 B사에는 A사가 투자한다고 한다. 때문에 첫 투자를 하는 회사라면 1곳보다는 2곳 이상을 목표로 접근해야 한다.

농업 펀드와 미팅은 농지는 없지만 당장 매입해서 투자 조건을 맞출 수 있다고 했다. 농지는 매입하려면 부동산 매입하듯이 바로 구입할 수 있는 게 아니다. 농지 자격취득증명원이 있어야 농지를 매입할 수 있다. 농업회사법인은 법률상 이사의 1/3 이상이 농업인이어야 농지를 보유할 수 있다. 농업회사법인 장점 중 하나는 배당이 분리과세가 된다. 금융소득이 2,000만 원 이상이면 종합과세를 하여 세금을 50% 가까이 내지만 조세특례제한법 65조, 68조 보면 농업회사법인은 여러 세제 감면 혜택이 있다. 종합과세가 아니라 분리과세가 되어 지방세 포함 15.4%만 세금을 내면 된다. 농업회사법인이 일반적이지 않아 회계사, 세무사도 모르는 경우가 있어 활용하기를 바란다. 이 내용은 농업회사법인 전문 회계사가 강의하는 교육을 들어서 알게 되었다. 농업회사법인 대표자들이 높은 소득세를 내고 월급을 받는데 배당 가능 이익이 충분하

다면 군이 그럴 필요 없이 배당으로 가져가는 방법
도 있다. 다만 배당하면 자본이 감소한다.

농업회사법인은 세금혜택으로 일부 제한이
있다. 정관 목적사업이 한정되어 있다. 부동산 임대
업을 할 수 없다. 농업회사법인은 법률이 개정되어
등기하려면 먼저 지자체 농업기술센터 정관 검토
를 받은 후, 법원에 가서 등기할 수 있다. 부동산 임
대업을 할 수 없어 태양광 지붕 임대도 불가능하고,
사옥을 사서 1층 임대도 제한이 있다. 장점이 있으
면 단점도 있는 법이다.

IR 미팅 시간은 60분

IR 미팅은 1시간 정도 하는데 A사는 20분 발표, 40분 질의응답을 하였다. B사는 30분 발표, 30분 질의응답 요청하여 진행하였다. 미팅이 끝나면 공장 방문하고, 대표가 IR 자료 발표하고, IR 피칭 날짜를 정한다. 약 8~10명 정도 되는 펀드 운용 심사역 앞에서 발표한다. 발표 이후 대략 기업가치가 나오는데 부동산 매매처럼 매수자는 낮은 가격을 말하고 매도자는 높은 가격을 말한다. 가격 괴리가 있어 더 이상 진행되지 않은 경우가 종종 있다. 중간자로서 나는 경영진에게 이렇게 설득하였다. "지금 중요한 것은 투자를 많이 받는 게 아니라 일단 발을 걸치는 것이 중요합니다. 검증을 받게 되면 다음부터는 우리가 주도할 수 있습니다."라고 설득하였다.

직급이 낮다 보니 오너를 설득 시킬 수 있냐고 상대편에서 염려하였다. 설득시키지 못하면 그만둔다고 이야기하고 투자자와 오너 사이에 조율을 하였다.

기업가치평가 결정

처음 하는 것을 IR 피칭이라 한다. 야구에서 투수가 타자에게 공을 던지는 행위를 피칭이라고 하는데 거기에서 나온 단어이다. IR 피칭이 끝나고 기업가치 평가는 사람마다 다르다. 애널리스트들도 삼성*자 주가를 6만 원에 매수 의견을 내고 누구는 5만 원 매수 의견을 낸다. 애널리스트 분석 기법도 멀티플을 얼마에 주냐에 따라서 다르다. 누구는 식품산업을 낮게 보고 10배 생각하고, 누구는 같은 식품산업이라도 수출성장기대감으로 15배 줄 수 있다. 이처럼 생각 차이가 있어 지분 10%에서 5%만 투자받기로 변경하고 내년 후속 투자를 도모하기로 하였다.

기업가치 가격협상

결론은 수산 펀드에서 15억, 농식품 펀드에서 8억을 투자 받았다. 제안한 기업가치에서 20억은 더 올려 달라고 요구했는데 5억을 올리는 데 합의했다. 심사역과 나는 비슷한 처지이다. 심사역은 투자사 대표 및 내부 위원을 설득해야 하고, 나는 회사대표 및 임원들을 설득해야 한다. 설득이 쉽지 않았을 텐데 기업가치를 5억을 더 올려준 심사역에게 감사드린다. 어떻게든 일을 진행하게 만들어야한다는 점에서 승자와 패자가 없다. 둘 다 승자라고 볼 수 있다. 서로 고생했다고 위안하였다. 비즈니스 관계로 만났지만 3개월 동안 정이 들어 회사 직원보다 더 친밀감을 가지게 된다.

투자 결정이 된 후에도 실제로 투자받기까지 시간이 걸린다. 특히 2개 사社에서 투자를 받으니 계약서와 일정 조율로 시간이 더 소요되었다.

투자 용도도 협의 사항이다. 농업펀드는 운영자금 및 기계 자금으로 한정하고, 수산펀드는 운영자금으로 한정하였다. 즉, 건물이나 토지를 살 수 없다. 별도의 계좌를 만들어 계좌에서만 거래처로 이체되어 투명하게 관리해야 한다. 투자받으면 끝이 아니다. 계속 소통해야 한다.

투자유치 소요 시간 3개월

IR 발표 및 투자심의 날짜를 정하는데 보통 월요일에 한다. IR 발표는 서서 강연처럼 발표하지 않고 편하게 앉아 노트북을 보면서 발표와 질의응답 한다. 예상 질문도 심사역이 통과시키기 위해 미리 준비해 주기 때문에 어렵지 않다. 따로 준비하지 않아도 실무진들은 머릿속에 있기 때문에 대표 혼자 보다 회사를 잘 아는 실무진이 동석해서 가는 걸 추천한다. 보통 IR 피칭 → 재무실사 → 1차 투자심사 → 2차 투자심사 → 투자금 납부 3개월 정도 걸린다. 참고로 정관은 법적 분쟁이 생길 때 기준이 된다. 회사정관에 상환전환우선주 등 주식의 종류, 사채의 종류 등 기본적인 내용이 없다면 투자받는데 시간이 더 소요된다. 따라서 미리 주주총회를 통해 정관을 수정 바란다. 또한 자본금이 10억이 넘어가면 상법상 등기이사는 3인 이상, 등기 감사도 1인이 있어야 하므로 미리 준비해야 한다.

투자 유치는 먼저 정관을 변경해야 한다. 정관에 주식 종류 등 상환전환우선주 내용이 들어가야 한다. 정관 변경은 주주총회 안건이므로 절차에 따라 변경한다. 계약서는 투자유치 전문 법무법인을 통해 검토 받는게 좋다. 정관 변경 및 계약서 검토, 상환전환우선주 등기 업무 등은 법무법인에 위탁하여 처리하였다.

상환전환우선주(RCPS)

대부분 투자의 80%는 상환전환우선주
(RCPS)로 받는다. 말 그대로 상환권은 배당가능이
익 있는 한에서 사용할 수 있다. 상환 요청하면 상
환해야 한다. 전환권은 회사가 상장하게 되어 (돈이
될 거 같아) 전환 요청하면 보통주로 전환해야 한
다. 우선권은 회사가 망하면 보통주와 다르게 배당
에 우선이 있어 조금이라도 투자금을 회수하고자
하는 거다. 즉, 투자자에게 가장 좋은 투자 조건이
라서 대부분 상환전환우전주(RCPS)로 투자받는다.
회수가 어려울 거 같으면 전환사채로 투자한다. 전
환사채는 말 그대로 사채라서 부채로 잡혀서 부채
비율 증가 등 회사에는 좋지 않아 상환전환우선주
(RCPS)로 요청하였다.

웃긴 것은 상환전환우선주가 한국회계기준
(K-GAAP)으로 자본 처리하는데 국제회계기준에서

는(IFRS) 실질을 중시해서 상환권이 있기 때문에 부채로 인식한다. 비상장 회사는 한국회계기준으로 사용해도 되지만 상장회사는 무조건 국제회계기준으로 도입되어 상장 전에 투자자들에게 보통주로 전환해 부채로 안 잡히도록 주의해야 한다. 간혹 몰라 재무 실적이 이상하게 나와 낭패를 보는 경우가 있다. 그런 문제로 상환전환우선주에서 상환권을 제거한 전환우선주로 투자하는 경우도 있다.

재무실사 경험

더존(회계 프로그램) 데이터를 주면 재무실사 회계사들이 기본적으로 자료를 보면서 파악한다. 하지만 원하는 서식에 맞춰 자료를 입력하고 가공하여 다양한 정보까지 줘야 해서 쉽지 않았다. 재무실사는 힘이 들어 앞으로 투자받으면 안 되겠구나 생각 들 정도였다. 내년 후속 투자도 같은 일을 반복해야 하는데 생각만 해도 진이 빠진다. 자료 요청 리스트도 많고 2명은 원격으로 서울에서 물어본다. 회계사 4명이 한 번에 방문해 1박 2일 동안 모든 정보를 물어보고 복귀한다. 메일도 주고받고 일주일 동안 힘들었다. 특히 중소벤처기업진흥공단 스케일업 사업 회사채 30억도 동시에 진행하고 있어 한국신용평가, 한국기업평가, 회사채 재무실사 다른 회계사들까지 대응해야 했다. 지난 5월은 일복이 넘친다고 스스로 위안했다. 중소벤처기업진흥공단 스케일업 사업(회사채)은 상반기 50개사, 하반기 50개사 약 4대 1일 경쟁률이라 통과하지 못하면 약 1,500만 원 비용이 없어져 부담이 컸다. 회사채 기준금리가 3% 정도 되고 등급 3개에 따라 최하 B+ 경우 6.1% 정도 된다. 1단계 한신평 2단계 한기평에서 등급 최소 B+ 등급 나와야지 3단계 본심사로 넘어간다. 보도자료에 따르면 94%가 B+이기 때문에 걱정하지 않길 바란다. 신용보증기금은 한기평,한신평 같은 신용평가사에 맡기지 않고 자체 신용분석을 하기 때문에 수수료가 1,500만 원이나 들지는 않는 장점이 있다. 단점은 기존 보증한도 포함으로 한도가 설정되어 큰 금액은 빌리지 못하고, 상환 만기 기간도 5년이 아니라 3년이라 2년 더 짧다.

주식발행초과금

모르는 분을 위해 설명하자면 투자된 자금은 주식발행초과금이라는 계정과목으로 회계처리되어 회사자금으로 들어온다. 주당 1만 원인데 현재 가치가 10만 원이면 같은 자본이지만 1억은 납입 자본금에 들어가게 되고, 9억은 주식발행초과금이 되어 표시된다. 자본총계를 10억 증가하게 된다. 부채가 아니라 자본이라서 이자 비용이 발생하지 않고, 자본이 증가하여 부채비율도 감소하여 성장성과 안정성에 기여한다. 투자받으면 기존 주주들에게 들어가는 자금이 아니라 회사 성장 동력으로 사용한다. 만약 기업가치가 10억이고, 누군가 2억을 투자한다면 기업가치는 12억이 되어 기존 주주들 지분가치가 상승하여 혜택을 본다.

우리 회사는 2008년 11월 21일 설립되었다. 창업자는 납입자본금의 20배 가치를 갖게 되었다.

2029년 코스닥 기업상장(IPO)를 꿈꾸고 있는데 그때는 현재보다 5배 기업가치를 받게 된다. 그럼 창업자는 설립자본금의 100배 가치를 갖게 될 것이다. 이것이 바로 금융시장 매력이다. 창업자는 이렇게 혜택을 보지만 직장인 나는 임원도 아니고 약속된 지분인 스톡옵션도 없다. 내가 얻는 것은 월급밖에 없는데 왜 열심히 일하냐고 묻는 사람이 있다. 그럴 때마다 이렇게 대답한다. "트랙 레코드(성적표)가 남는다."

8년 동안 문제 해결하면서 배운 것들은 사라지지 않는다. 그것은 나의 자신감이 된다. 창업을 할 수도 있고 경영컨설턴트나 전문경영인이 될 수도 있다. 기존 경험으로 바탕으로 지금처럼 책을 쓸 수도 있다.

퇴직연금 운영

퇴직연금은 안전자산 30%, 위험자산 70% 비율로 투자 할 수 있다. 보통 리스크를 싫어해 예금 등 안전한 상품에만 가입한다. 하지만 퇴직금은 미래를 위한 자금이므로 투자해야 한다. 수수료가 저렴하고 종합주가지수를 따라가는 인덱스 펀드를 추천한다. 2019년 6월에 시작하여 2020년, 2021년 펀드 운영하였다. 약 5,000만 원의 수익 실현하였다. 2021년 7월 이후에는 수익이 높지 않아 환매하지 못했다. 최근 코스피가 3000지수 찍으면서 실적이 좋아 약 8,000만 원 수익으로 환매 신청하였다. 총 6년 동안 2억 5천만 원으로 1억 3000만 원 수익을 벌었다.

5. 앞으로 펼쳐질 나의 인생

현재 회사를 언제까지 다닐지 모르겠다. 회사를 계속 다닌다면 코스닥 상장까지 이루고 회사를 통해 화상 전문병원 설립, 영화관 운영 등 사회적 책임을 하고 싶다. 예를 들어 2025년 5월 '소주전쟁'이라는 영화가 개봉했는데 지역에 영화관이 없었다. 영화관은 1시간 차를 몰고 도시로 가야 한다. 일단 회사채 및 투자유치까지 성공하였기 때문에 다른 사람에게 업무를 맡겨도 로드맵에 따라서 상장까지는 문제가 없을 테다.

만약 퇴사한다면 조직에 속해 일하는 이직보다는 컨설팅 프리랜서가 되고 싶다. 전문엔젤 개인투자자 등록하여 지역에 있는 유망업체 발굴하여 투자하고 싶다. 엔젤투자는 자금이 부족한 창업 초기 기업에 자금과 멘토링 해주는 개인투자자이다. 참고로 엔젤펀드는 위험성이 높기 때문에 투자유치 인센티브를 위해 정부에서 투자금 3,000만 원 이하까지는 100% 소득공제, 5,000만 원 초과까지 30%까지 소득공제 해준다.

돈보다 귀한 가치

상장기업 없는 시골에서 1호 상장기업을 배출했다는 사실 자체가 가치가 있다. 도시에 있을 때는 사회문제에 대해 별로 관심이 없었다. 시골에 살다 보니 자연스럽게 지방인구 위기, 의료위기, 지속가능한 경영(ESG) 등에 관심 갖게 되었다. 결정적인 계기는 2020년 12월 25일 아기천사가 태어났을 때부터이다. 크리스마스 연휴라 지역병원에 마취과 의사가 없다고 거절당했다. 차로 2시간 걸리는 창원 삼성병원에서 출산하였다. 故 이건희 삼성그룹 회장께 감사함과 시골의 서러움을 동시에 느꼈다. 이후에도 2022년 아기천사 얼굴에 뜨거운 물이 쏟아져 화상을 입었을 때 1시간 걸리는 대구로 가서 매주 2회씩 3개월 동안 치료를 받았다. 레이저 치료, 화상연고 등 3개월 동안 600만 원 비용이 발생하였다. 더 문제는 왕복 2시간 사회적 비용이다. 훗날 중견기업이 된다면 시골에 화상전문병

원을 꼭 만들고 싶다. 내가 못 하더라도 나보다 우수한 동기, 후배, 선배들이 있기 때문에 꼭 하길 바란다.

능력과 실력의 차이점을 아는가?

중요한 것은 능력이 아니라 실력이다. 실력과 능력의 차이를 물어보면 이렇게 대답한다. "누구나 운전면허증 자격증을 가지고 있다. 그게 능력이고, 운전해서 동승자가 불안함을 안 느끼고 안전하고 편안하게 도착지까지 가면 실력이다." 경영학의 아버지는 피터 드래커는 학력과 능력은 상관관계가 없다고 하였다. 상관관계가 있다면 모든 직장인은 다 석/박사로만 구성이 될 것이다. 이전에는 단순히 상관관계가 있다. 없다. 라고만 알고 있었다.

MBA에서 투자론 수업을 들었을 때 '상관계수는 −1 〈 X 〈1 이고, 0.5이면 산점도에 공처럼 그려져 있어 상관관계가 없다. 0.8이면 상관관계가 있고, 0.9이면 높은 상관관계가 있다'라고 판단한다. 공부 시간이 많을수록 학업성적이 좋으면 양의 상관관계이다. 반면 게임 시간 많을수록 학업성적이 낮아져 음의 상관관계 있다는 반대 그래프를 그린다.

회사 끝나고 수업을 따라가기 위해서 매일 1시간씩 공부했다. $\sqrt{2}$가 어떻게 나오는지 계산하고 Σ, 공분산 등 중고등학교 수학 개념을 18년 만에 다시 익혔다. 다행히 교수님께서 쉽게 문제를 내주었다. 33개 시험문제 중에서 2개만 찍고 모두 풀어 제출할 수 있었다. 암기 수업 성적이 B+ 이라도 투자론 수업만큼은 A 이상 받고 싶었다. 다행히 A+를 받았다. 지금은 다시 공부하지 않아 계산하는 방법을 잊어 버렸다. 완전히 내 것으로 만들려면 몸에 익힐 때까지 공부해야 한다.

2025년 1학기는 투자론이 폐강됐다는 소식을 들었다. 안타까웠다. 통계학은 어렵지만 필수라 무조건 들어야 하고, 투자론은 심화 선택이라 듣지 않아도 된다. 학점과 스트레스 때문에 학생들이 선택하지 않은 거 같다. 통계학, 투자론은 배울 때는 고통스럽지만 개념은 평생 사용한다. 맨 처음 교재를 봤을 때 알 수 없는 기호로 표시되어 당황했다. 유튜브로 공부하고, 교수님이 올려주신 인터넷 강의도 2번 이상씩 들었다. 보통 사람인 나도 했기 때문에 여러분들도 충분히 할 수 있다.

기업공개(IPO)는
선택이 아니라 필수

　　매출액 100억도 되지 않던 시절 기업공개 (IPO)를 한다고 했을 때 다들 먼 이야기, 동떨어진 이야기라고 하였다. 당시 기업 상장을 하려고 했던 이유는 여러 가지지만 '지속가능한 경영'을 위해서 다. 대부분 중소기업들이 폐업하는 이유는 CEO의 건강악화 또는 승계 되지 않아 정리하는 경우이다.

　　비상장 작은 중소기업 대표는 시켜줘도 아무 도 안 한다. 왜냐하면 신용이 없기 때문이다. 영업 팀 자동차 렌탈도 대표자 개인 보증이 들어가야 한 다. 대출도 연대보증이 들어간다. 상법상 등기이사 가 되면 법적 책임도 져야 한다. 중대재해처벌법은 법인에게도 벌금을 물지만 대표 개인에게도 벌금을 준다. 만약 사망사고 1건이라도 발생하면 대표는 최소 1억 벌금을 받는다. 때문에 기업 상장은 선택 이 아니라 필수이다. 하지만 지금은 아니다. 충분히 가능한 이야기로 들린다. 꿈을 꾸면 그 꿈을 닮아간다는 이야기가 있다. 회사는 직원 30명에서 110명으로 성장하였다. 매주 토요일마다 하루 8시간 서울을 오가며 서강대 Pro-MBA 수업을 들으며 꿈을 키우고 있다. 야간 직장인 MBA는 2년 과정이라 45학점을 이수해야 되고, 2026년 6월에 끝난다.

휴게실 개설

회사가 돈도 중요하지만 회사 구성원이 즐겁게 회사를 다녔으면 좋겠다. 가장 간단한 것은 돈으로 해결하는 것이다. 하지만 중소기업은 복지에 투자할 여력이 없다. 방법이 없으면 방법을 찾아야 한다. 2020년 지자체 휴게실 지원사업을 통해 부가세 150만 원만 내고, 1,500만 원 휴게실을 무료로 지었다. 지역 건축 업체에게 맡겼는데 마감이 되질 않아 낭패를 보았다. 해당 사업을 하면서 건설업자에 대한 신뢰도가 하락하였고 이제는 서울보증보험을 통해서 이행보증보험증권 및 하자보수증권을 요구한다. 실패는 성공의 어머니이다. 경험을 통해 배웠다.

생산직 여름철 이온 음료 지급

여름철 더운 날씨로 탈수증상 등 힘들어하는 직원을 위해 이온 음료를 공급하고 하고 있다. 이온 음료 제공하는 회사 사례가 없어 도입하는데 쉽지 않았다. 여름은 4개월이지만 직원들이 하루 각자 한 캔만 마셔도 비용이 만만치 않다. 정수기 물 마시면 된다는 말도 있었지만 군대에서 배운 경험을 설명하였다. 탈수증상은 물을 마셔도 생긴다. 물을 많이 마시면 작업장 더운 열기로 땀이 배출되면서 전해질도 같이 배출된다. 갈증으로 계속 물을 마시는데 그럼 악순환 반복이다. 이온 음료를 통해 보충해 줘야 한다. 회사 일하는 직원을 위해 음료 한 캔도 못 주는 회사라면 다닐 가치가 없다. 전 직장에서 그만두었던 이유 중 하나도 바로 복지 부분이었다. 충분히 할 수 있는데 비용 핑계로 직원을 생각하지 않는 회사라고 생각 들었다. 그 순간부터 일이 싫어졌다. 열심히 일하는 것은 한 사람을 위해서가 아니라 회사 구성원 전부가 행복하게 직장생활을 하기 위해서이다. 이 정도 유연함이 없는 조직이라면 희망이 없다. 여름철에 이온 음료 도입을 가장 뿌듯하게 생각한다.

복리후생 :
결혼축하금 600만 원
출산축하금 500만 원

2023년 9월 부산 해운대 조선비치호텔에서 메인 비즈 협회 조찬 강연이 있었다. 평소 관심 있던 주제(인구감소로 인한 기업환경 변화)로 신청했다. 조찬 강연이라 하루 전에 내려가 해당 호텔에서 자고 아침 강연에 참석했다.

AI 시대, 자동 로봇 시대가 오지만 헌혈은 로봇이 대신하지 못한다. 나중에 수술할 때 피가 없어 치료를 못 받을 수 있다. 로봇이 노동을 자동화로 대체하지만 소비하지 못하기 때문에 지역경제를 위해 인구절벽을 막아야 한다는 점이 기억에 남는다. 인구감소로 해외수출 확대 등 기업이 생존전략을 바뀌고 있지만 생태계를 위해 회사도 사회적 책임을 할 필요가 있었다. 다행히도 경영진도 뜻이 맞아 2024년 상반기 결혼축하금 600만 원과 출산축하금 500만 원을 도입하였다. 다만 도덕적 해이를 방지하기 위해 3년 이상 재직자만 신청할 수 있다. 청년만 해당하는 정책이고 싫어하는 직원도 있지만 현재 5명 정도 직원이 혜택을 보았고, 사내 부부도 나왔다.

ESG 경영 1+1 기획

지자체에서 결혼축하금 600만 원, 출산축하금 500만 원을 주고 있어 1+1 개념으로 기획했다. 과거 쌀값이 폭락할 때는 농협 RPC 쌀을 구입해 농협은행과 1+1 기획했다. 주민자치회 활동으로 친해진 주유소 사장님과 겨울에는 1+1 기획했다. 이외 메세나 활동으로 문화예술 기부도 하고 있다. 능력이 있는 사람은 그만큼 책임이 따른다. ESG 경영단어로 SPICE 모델에 따르면 S는 소셜(사회), P는 파트너(협력사), I는 인베스트먼트(투자자), C는 커스터머(고객), E는 임플로이(직원)을 뜻한다. 과거에는 투자자와 고객만 생각하면 되었는데 요즘은 SNS 등 DX시대이므로 5가지를 고려해 의사결정해야 한다. ESG 경영활동으로 지역에서 회사 이미지가 좋아지고 있다.

양질의 일자리가 필요하다

이전에 직원 구하기 어려워 외국인 채용하려고 했다. 당시 나는 반대하였다. 지금 사람이 없는 게 아니다. 아무리 시골에 사람이 없어도 우리 회사에 들어올 사람들은 있다. 구직자들은 이렇게 이야기한다. 양질의 일자리가 없어 도시로 떠난다고. 잠시 편하겠지만 10년 뒤에는 관리직도 다 외국인으로 채용해야 할 것이다. 회사가 생존하기 위해서는 복지를 좋게 하고 근로환경을 개선해 직원들이 오랫동안 다닐 수 있도록 해야 한다. 현재 생산직, 관리직 처우는 과거보다 나아졌지만 가야 할 길이 많다.

비싼 MBA, 갈 가치가 있는가?

결론부터 말하자면 자기 하기 나름이다. 나는 갈 가치가 있다. 1학기당 1,200만 원 학비 절반은 회사가 지원한다. 대기업들은 매년 몇 명 선발하여 지원하는 제도가 있지만 대부분 중소기업에는 그런 제도가 없다. 중소기업에 다니는 나는 그런 제도 및 규정도 없는데 혜택을 받는다. "길이 없으면 길을 만들어 가라" 격언처럼 일한 만큼 회사에 요구하고, 평일에도 서울을 다닐 수 있도록 회사는 배려해 줬다. 작년 하반기 입학했을 때는 넘치는 열정으로 2박 3일 일정으로 매주 서울을 오갔다.

실력 있는 교수님들은 테일러의 과학적 관리법, 홉스테스의 국가문화, 갈등관리 등 단순히 책에 나와 있는 학문 외에도 실제 노동위원회 사례 중심으로 보고 발표한다. 대학원 동기들과 의견을 나누고, 각자가 속한 집단에서는 이렇게 처리한다 등 다양한 정보를 얻을 수 있다. 대학 학부수업과 다르다. 과제도 매주 있어서 지식이 쌓여간다.

MBA는 공식적인 네트워크와 별도로 친한 원우들과 자연스레 교류하게 된다. 우리 회사는 올해부터 100명이 넘어 매월 장애인고용부담금이 쌓여 가고 있다. 내년 1월에 고지서를 받는데 전체 직원의 3.1% 비율로 장애인을 고용해야 한다. 즉 3명을 고용하지 않으면 약 7,500만 원을 장애인고용부담금으로 국가에 납부해야 한다. 제조시설이라 위험하고 장애인 화장실 부대설비 등 고려 요소가 많아 쉽지 않았다. 인사업무를 담당하는 MBA 원우와 대화를 나누다 직접고용이 아니라 고용 연계 채용을 알게 되었다. 장애인 사업장에서 만든 물품을 구입하면 최대 금액의 90%까지 감면해 주는 규정이 있다. 박스를 제작하는 장애인 사업장과 고용 연계를 맺어 박스를 구입하여 장애인 고용부담금 90%를 절감할 수 있었다.

멀어도 서울 MBA 다닐 수 있다

목요일 오후 12시까지 일하고 고속버스를 탄다. 동서울 버스터미널에 도착해 지하철을 타고 신촌역에 도착한다. 저녁 7시부터 밤 10시 30분까지 수업을 듣고, 근처 숙소에서 잠을 잔다. 금요일은 수업이 없어 서울 영업팀 사무실에 나가 업무를 본다. 토요일은 아침 9시부터 오후 5시까지 수업을 듣고, 저녁 버스를 타고 밤늦게 귀가하였다.

잠자리가 바뀌니 2박 서울 일정이 힘들어 올해부터는 토요일 당일치기 한다. 매주 토요일마다 새벽 4시에 일어나 자가용을 몰고 김천구미 KTX역으로 간다. 서울로 향하는 첫 기차 타고 아침 9시부터 오후 5시까지 수업 듣고 내려온다. 인간은 적응의 동물임을 새삼 느낀다. 과거 출장 갈 때는 피곤하더라도 항상 자차를 몰고 이동했다. 작년에는 고속버스에 적응해 고속버스가 내 차처럼 편해지고, 이제는 기차에 적응해서 기차를 타고 다닌다.

MBA도 학자금 대출된다

　　MBA 학비도 길은 있다. 국가학자금 대출을 통해 해결하면 큰 부담이 없다. '한국장학재단'이라는 앱를 통해 휴대폰으로 간단하게 대출이 가능하다. 나를 거치지 않고 학교로 바로 납부하는 시스템이라 간단하다. 재무관리 핵심을 한 줄로 요약하면 "줘야 할 돈은 최대한 늦게 주고, 받을 돈을 최대한 빨리 받아야 한다."이다. 학자금 대출은 이자율이 1.7%밖에 되지 않고, 최대 17년까지 대출 상환기간을 설정할 수 있어 부담이 없다. 농업에 종사하거나 법적 보호자가 농촌에 거주하는 경우라면 무이자로 대출을 할 수 있다. 무엇보다도 연말정산 할 때 15% 세액공제가 된다. 1년에 360만 원, 총 2년 동안 720만 원 절세효과가 있다.

　　MBA는 업무 외 이직에도 도움 된다. 명함등록 앱 리멤버에 이력을 정리하면 헤드헌터가 이력을 보고 채용 제안해 준다. 서강대 MBA를 추가하지 않았는데도 지방대 졸업한 나에게 제안이 왔다. 해당 기업 살펴보니 경상남도 청년 친화 기업 등 각종 인증이 내가 획득한 인증과 비슷했다. 시골이 아니고 도시였지만 업종도 다르고 연 500만 원 더 준다고 했지만 이직하기에는 마음이 가지 않았다. "평생직장 없고. 평생 직업만 있을 뿐이다." 서강대 MBA 이력을 추가한다면 앞으로 더 좋은 제안을 받을 수 있을 테다.

서강대 MBA는 2학기에도 신입생을 뽑는다. 연세대, 고려대 MBA는 2학기에 뽑지 않고 1학기만 뽑기 때문에 미리 준비하기를 바란다. 서강대 MBA는 휴게시간 30분 포함해 총 3시간 30분 수업이라도 학점은 3점이 아닌 2점만 준다. 지정좌석제라 늦게 출석하면 엄격하게 감점되고 1학기 50명, 2학기 28명 신입생 규모라 미리 알고 지원하기를 바란다. 1년이 지났지만 28명도 다 알지를 못한다. 나에게는 28명도 많다. 네트워킹을 희망하면 고려대 MBA를 추천한다. 학업을 원하면 서강고등학교라고 불리는 서강대 MBA를 추천한다. 2호선 신촌역과 가깝고 교문 바로 앞에 MBA 건물이 있다. 또 인근 이화여대와 교환 수업으로 이대 MBA 수업을 들을 수 있다. 개인적으로는 어느 MBA를 다니든 집에서 가까운 곳이 최고다.

6. 끝 인사

워커홀릭이지만 휴직한다

보통 주말은 출근하지 않는다. 무슨 일 때문인지 기억나지 않지만 주말 사무실에서 혼자 일을 했다. 오전 10시에 와서 점심도 거르고, 의자에서 앉아 밤 10시까지 일을 했다. 그때 스스로 워커홀릭임을 깨달았다. 10년 이상 근무하는 직장인들에게 존경을 표한다. 적당한 스트레스는 도움이 되지만 과도한 스트레스는 건강을 해친다. 워커홀릭이지만 항상 가족이 우선이다. 인풋이 있어야 아웃풋도 있다. 충분히 휴식을 취해야 길게 갈 수 있다. 두 번째 휴직이다. 2025년 7월부터 12월까지, 6개월 육아휴직을 사용한다. 여름방학은 아이와 시간을 보낼 예정이고 방학이 끝나면 다시 MBA에 다닐 계획이다. 올해 6살인 아이는 나의 행복이다. 아이가 부모 품을 떠나면 더 이상 같이 있을 시간이 없다. 육아휴직을 추천한다. 육아휴직은 법적으로 보장되어 있어 눈치 보지 않고 사용하면 된다. 정부에서는 사업장 대체인력 지원금을 월 120만 원을 준다. 경상남도 청년 친화 기업 인증회사 경우 월 245만 원까지 지원해 준다. 문제는 시골이라서 지원자가 없어서 후임자 찾기가 쉽지 않다.

중소기업 장점

양질의 일자리를 찾지 못해 미취업 상태인 대졸 청년이 100만 명이다. 나는 발상 전환으로 중소기업 취업을 권한다. 평범했던 내가 중소기업에 다녔기 때문에 기획 업무도 하고 다양한 업무를 할 수 있었다. 덕분에 많이 배웠다. 도시에는 인재가 많지만 시골에는 없다. 전국 편의점 개수가 약 5만 개이다. 편의점 컵라면은 1,500원이지만 산속 매점 컵라면 가격은 5,000원이다. 나는 컵라면처럼 흔한 스펙을 가졌다. 접근성이 떨어지는 산속 매점처럼 중소기업에 왔기 때문에 부족함이 많은 나에게 투자유치 등 중요한 업무를 할 수 있었다. 기회가 주어진 것이다. 누가 업무를 가르쳐 주지는 않았지만 스스로 배워 성장하는 재미가 있다.

내가 원하는 게임이 중요하다. 투자유치 150억이든 15억이든, 재무 실사는 제3자 회계법인에 맡겨 똑같은 절차로 한다. 큰 게임에서 나는 주인공이 되지 못한다. 한 파트만 맡아서 한다. 작은 게임이라도 주연이 재미있고 주도적으로 일을 처리하면서 성취감과 행복을 느낀다. 직장생활이 답은 아니지만 일단 중소기업에서 배우고, 노하우를 바탕으로 원하는 직장으로 이직할 수 있다. 10년 후에 창업 등 사업 할 수 있는 기회도 찾아올 테다.

점이 선이 되고, 선은 그림이 된다

일을 하다 보면 전혀 상관없는 업무를 할 때가 있다. 일은 점 형태로 이루어져 있다. 점이 찍히면 선이 되고, 결국 시간이 지나면 선이 모이고 그림이 된다. 당시는 알지 못한다. 내 인생에 도움이 될까. 회사에 도움이 될까. 하지만 선택의 폭이 넓어지고 결정적인 순간에 도움이 되어 좋은 결과물을 얻는다.

메슬로우 욕구 5단계

매슬로우가 인간의 욕구를 5단계로 구분했는데 직장인 관점에서 자신이 어느 지점에 있는지 확인할 필요가 있다. 위 단계로 성장하지 못 하면 오히려 떨어져 퇴행할 수 있다. 예를 들어 부자들이 존중을 얻을 수 없다면 수단을 가리지 않고 돈만 추구한다. 1단계로 회귀하는 경우이다.

1. 생리적(임금)

2. 안전(호봉제,노조,퇴직금)

3. 사회적(인간관계)

4. 존중(임원,사장 호칭)

5. 자아실현

자아실현,
지방 인구 위기 극복에 기여

자아실현을 실천하는 직장인들은 극히 일부이다. 보통 중간에 그만두기도 한다. 설익은 과일처럼 빨리 갈려고 창업도 하지만 다시 직장인으로 돌아오는 경우도 많다. 자아실현은 쉽지 않다. 돈도 중요하지만 사회문제 해결에 기여하고 싶다.

시골 농촌지역에서 자아실현을 위해 엔젤개인투자자가 되어 투자조합을 만들고 싶다. 시골 작지만 중요하고 소중한 기업에 투자하고 싶다. 한국엔젤투자협회 (https://home.kban.or.kr) 또는 엔젤투자센터 (https://www.kban.or.kr) 등 홈페이지에 가면 자세히 나와 있다. 엔젤투자협회에서 유튜브로 쉽게 설명해 주기 때문에 살펴보기 바란다. 제조업 기준으로 매출이 최소 10억 이상 나오면 모태펀드가 맞겠지만 매출액 10억 이하는 엔젤투자 가능성이 높다.

엔젤투자자들은 조합 형태로 100만 원 이상 투자하면 경제 발전기여 및 투자 촉진을 위해서 3,000만 원까지 100% 소득공제가 된다. 창업자들은 팁스(TIPS) 등 엔젤펀드 투자 연계 지원사업을 통해 투자받아 좋다. 다만, 엔젤투자는 환금성이 떨어져 투자 회수가 어렵기 때문에 없어도 되는 돈 또는 10년 이상 투자할 수 있는 소량으로 투자해야 한다. IPO까지 가는 단계는 길고 험난하다. 초기(Seed)단계→시리즈A→시리즈B→시리즈C... → 프리 IPO → IPO (코스피, 코스닥)

기업공개 IPO 이러한 단계를 가지게 된다. 상장심사에서 윤리적으로 문제가 되면 안 되기 때문에 인사팀은 내부관리규정을 절차서로 관리해야 한다. 고용노동부의 표준근로계약서 및 주말수당 지급 등 국내법을 준수하고 취업규칙은 대부분 가지고 있지만 임원퇴직급여규정 등 각종 규정을 만들어 경영관리시스템을 구축해야 한다. 회계팀은 회계기준을 국제회계기준으로 최소 2년전에 변경하여 관리해야 한다. 상장은 IPO 담당자만 하는게 아니라 전사적으로 모두 같이 준비해야 한다.

상장의 개요

상장(Listing)과 기업공개(IPO)는 다르다. 상장은 한국거래소가 정한 요건을 충족한 기업이 발행한 주권을 유가증권시장,코스닥시장 또는 코넥스시장에서 거래할 수 있도록 허용한다는 것을 의미

기업공개(IPO) : 소수의 지배주주에 의하여 경영되는 기업이 공모 등의 방법을 통하여 주식을 대중에게 분산식키는 행위 (상장을 위한 선행조건이 기업공개)

사전 준비사항: 사규 정비

A. 기업지배구조
 1)이사회 운영규정
 2)감사직무규정

B. 내부통제
 1)이혜관계자와의 거래에 대한 규정
 2)공시정보관리규정
 3)내부회계관리규정
 4)공시규정

C. 인사
 1)인사규정
 2)급여규정
 3)임원퇴직금지급규정
 4)퇴직금지급규정

D. 기타 등
 1)업무분장규정
 2)위임전결규정

E. 정관 정비
 1)수권주식수 및 1주의 금액
 2)주식매수선택권 부여
 3)신주인수권 배재 조항 구체적으로 명시
 4)공고신문
 5)주주총회 소집공고
 6)사채발행한도에 관한 사항
 7)명의개서 대리인
 8)사외이상 및 상근감사 선임에 관한 사항
 9)전자증권제도 관련 사항
10)감사(또는 감사위원회) 외부 감사인 선임

엔젤투자

엔젤투자는 미국 브로드웨이에 자금이 없어 운영되지 못하는 좋은 공연에 투자하면서 생긴 용어이다. 말 그대로 '천사' 같은 마음으로 투자한다. 업종마다 투자 규모는 다르다. 사모펀드는 오직 이익만 보고 100억 이상 기관이 주도하는 대규모 투자 단계이다. 모태펀드는 사회적 책임으로 국가에서 출자 민간이 위탁 운영하여 5~20억 정도 되는 시리즈 A 단계에 투자한다. 엔젤투자는 초기(seed) 단계에 있는 개인들이 주도하여 투자하는 단계이다.

지역에서도 매력적인 회사 및 가게가 많다. (국수, 친환경 화장품 및 세제, 맛밤 및 잼, 다이닝 식당, 바비큐 카페 등) 지역에는 제철 재료를 이용한 다이닝 식당이 있다. 서울에서는 다이닝 식당이 10만 원 정도인데, 이 식당은 25,000원이면 먹을 수 있다. 소위 가성비가 좋다. 또래 청년 부부가 운영해서 더 애정이 간다. 개인적으로 투자조합을 결성하게 되면 그 식당에 엔젤투자하고 싶다.

의도치 않게 시골에서 살게 되었다. 아내를 따라 연고 없는 지역에 살고 있지만 나름대로 '의미'를 찾으려고 노력했다. 돈도 중요하지만 지역을 위해 기여할 수 있는 부분이 무엇일까? 만약 경쟁이 치열한 도시에 살았다면 자존감과 여유를 챙기며 삶을 누릴 수 있었을까? 역량이 부족하지만 인적자원이 부족한 지역에 와서 쓰일 수 있었다. 비주류로 유쾌한 반전을 만들고 있다. 현재 회사감사를 맡고 있는 회계사님은 나의 학부 시절 겸임교수였다. 그의 말씀은 나에게 큰 자극이 되었다. "능력이 부족하여 하지 못해도 의지가 부족해 하지 못하는 것은 없다." 나도 쓰임이 다 할 때까지 최선을 다하고 싶다.

중소기업 생존기

지은이 김진영
펴낸곳 투명북스

2쇄 발행 2025년 9월 15일

출판신고 2019년 9월 11일 제2019-000001호
전　　화 010.3517.1692

ISBN　979-11-988581-6-0 (15320)